Warum unsere Bienen wichtig sind

Unterrichtsmaterialien für die Grundschule

Holger Mittelstädt

Verlag an der Ruhr

IMPRESSUM

TITEL
Warum unsere Bienen wichtig sind
Unterrichtsmaterialien für die Grundschule

AUTOR
Holger Mittelstädt

FACHLICHE BERATUNG
Imkerei Matthias Schulz, www.imker-schulz.de

UMSCHLAGMOTIV
Foto: © MR. BIG – stock.adobe.com

ILLUSTRATIONEN
Astrid Wilkesmann

DRUCK
Heenemann GmbH & Co. KG, Berlin, DE

Verlag an der Ruhr
Mülheim an der Ruhr
www.verlagruhr.de

Geeignet für die Klassen 3–4

ISBN 978-3-8346-4298-1

INHALTSVERZEICHNIS

VORWORT

Wenn die Biene einmal von der Erde verschwindet,
hat der Mensch nur noch vier Jahre zu leben.
Keine Bienen mehr, keine Bestäubung mehr,
keine Pflanzen mehr, keine Tiere mehr,
keine Menschen mehr.

Albert Einstein wurde dieses Zitat in den Mund gelegt, wahrscheinlich stammt es aber nicht von ihm. Trotzdem ist es gut möglich, dass in dem Zitat ein Stück Wahrheit steckt. Denn es ist erwiesen, dass wir Menschen zum Überleben die Insekten brauchen. Sie sind Teil des natürlichen Kreislaufs und der Nahrungskette – ohne sie werden auch bald kaum noch Menschen auf der Erde leben können. Nicht ohne Grund hat das Buch „Die Geschichte der Bienen" von Maja Lunde aus dem Jahr 2017 solch einen überragenden Erfolg gehabt – es beschreibt, wie wir auf die Bienen angewiesen sind. Kennen Sie es nicht, sollten Sie diesen spannenden Roman lesen.

Wer sich einmal mit der Welt der Bienen beschäftigt hat, den wird dieses spannende Thema – vielleicht ein Leben lang – nicht mehr loslassen. Ich selbst beschäftige mich seit über 20 Jahren mit Bienen und von meinem ersten Interesse für diese kleinen Insekten bis hin zu den ersten eigenen Bienenvölkern war es ein langer Weg.

Besonders interessant am Thema „Insekten und Bienen" ist, wie wenig gesicherte Erkenntnisse wir darüber haben. Das merkt man zum einen im Gespräch mit Imker*innen[1]: zwei Imker*innen, drei Meinungen. Ach was ... vier. Oder fünf ... Zum anderen sieht man es daran, dass in den wissenschaftlichen Instituten, die sich mit Insekten beschäftigen, z. B. im Länderinstitut für Bienenkunde in der Bienenstadt Hohen Neuendorf, meinem Wohnort, immer noch Grundlagenforschung betrieben wird. Und das merke ich auch an mir selbst: Je länger ich mich mit dem Thema „Bienen" beschäftige, umso mehr Fragen kommen bei mir auf. Und immer wieder staune ich über diesen genial organisierten, funktionierenden Organismus. Jedes Individuum in diesem Organismus hat seine Aufgabe, weiß, was es zu tun hat, und ist wichtig.

Dieser Aspekt ist übrigens auch der wichtigste, den ich mit unserem Schulimker Matthias Schulz meinen Viertklässler*innen in unserer Schulimkerei zu vermitteln versuche. Bei allen spannenden Fragen rund um die Imkerei und bei allem

[1] Der Verlag an der Ruhr legt großen Wert auf eine geschlechtergerechte und inklusive Sprache. Daher nutzen wir bevorzugt das Gendersternchen, um sowohl männliche und weibliche als auch nichtbinäre Geschlechtsidentitäten einzuschließen. Alternativ verwenden wir neutrale Formulierungen. In Texten für Schüler*innen finden sich aus didaktischen Gründen neutrale Begriffe bzw. Doppelformen.

VORWORT

gemeinsamen Erleben des Frühjahrs mit den Bienen, der Sammlung des Nektars, der Honigernte und schließlich der Vermarktung und des Verkaufs des Honigs steht doch immer eines im Mittelpunkt: Allein kann man nichts erreichen – zusammen geht vieles besser. Und jede*r ist auf die anderen angewiesen. Dieser soziale Aspekt, ohne den die Bienen nicht überleben können, dieser ist auch für das menschliche Zusammenleben von entscheidender Bedeutung. Wir brauchen einander mit unseren Stärken und Schwächen. Niemand darf ausgegrenzt werden – oder um mit dem Motto des Verlags an der Ruhr zu sprechen: Keiner darf zurückbleiben.
Diese Mappe bietet eine Fülle an Unterrichtsmaterialien, die auf die unterschiedlichste Art und Weise genutzt werden können. Es gibt Lesetexte und Aufgabenblätter, die allein, zu zweit oder in einer Gruppenarbeitsphase gelöst werden können. Gekennzeichnet ist dies immer durch ein entsprechendes Bienen-Symbol:

 **Einzelarbeit**  **Arbeit zu zweit**  **Gruppenarbeit**

Eine Reihe von Lesetexten können auch gemeinsam gelesen und besprochen werden. Viele der Materialien können eingesetzt werden, um Stationenlernen durchzuführen oder eine Lerntheke zu bestücken.
Die Aufgaben sind höchst unterschiedlich und eignen sich bestens zur Differenzierung. Es gibt neben den klassischen Aufgaben zu Lesetexten kreative Aufgaben und Aufgaben aus anderen Fachbereichen, wie z. B. Musik oder Mathematik. Fächerverbindenden Unterricht mit diesen Materialien durchzuführen, ist nicht nur möglich, es ist geradezu nötig.

Ich wünsche Ihnen mit dieser Arbeitsmappe auch selbst viele neue Erkenntnisse und viel Freude beim Einsatz in Ihrer Klasse.

Summende Grüße
Holger Mittelstädt, www.gartenbeute.de

© Elias Mittelstädt

Über den Autor:
Holger Mittelstädt ist Schulleiter und Lehrer an einer Brandenburger Grundschule. Er leitet gemeinsam mit einem Imker eine Schulimkerei, züchtet selbst Bienen und ist in der Kommunalpolitik tätig, wo er sich für nachhaltiges, ökologisches Handeln und eine insektenfreundliche Kommune engagiert.
Daneben ist er Autor unterschiedlichster pädagogischer Bücher, in der Schulleiter-Ausbildung tätig und leidenschaftlicher Musiker – besonders wenn es um Dudelsäcke geht.

Kopier-
vorlagen

DAS WEISS ICH – DAS WILL ICH LERNEN

Sicher hast du schon mal Bienen gesehen und weißt auch schon einiges darüber. Auf diesem Blatt kannst du alles aufschreiben, was du schon über die Biene weißt. Bestimmt hast du aber auch Fragen und willst Neues über Bienen lernen. Schreibe auch das auf.

Das weiß ich über Bienen:

Das will ich über Bienen lernen:

Vergleiche dein Wissen und deine Fragen mit einem anderen Kind.

LIED „SUMM, SUMM, SUMM" (1/2)

Text: *August Heinrich Hoffmann von Fallersleben*
Melodie: *Volksweise aus Böhmen*

LIED „SUMM, SUMM, SUMM" (2/2)

Das Lied „Summ, summ, summ" ist ein bekanntes deutsches **Kinderlied**. Bestimmt kennt ihr es auch und könnt es gut mitsingen.
Die Melodie stammt aus **Böhmen**. Böhmen liegt heute in der Tschechischen Republik.
Den Text hat der Dichter **August Heinrich Hoffmann von Fallersleben** geschrieben. Er ist sehr bekannt, denn er hat auch unsere Nationalhymne „Einigkeit und Recht und Freiheit" sowie weitere Volkslieder getextet.

 Beantworte die folgenden Fragen.

1. Eine Zeile des Liedes kommt in jeder der 3 Strophen 2-mal vor.
Welche ist das? Schreibe sie hier auf:

....

2. Die mittlere Zeile in jeder der 3 Strophen ist anders.
Lies dir die mittlere Zeile der 1. Strophe durch.
Wohin soll die Biene fliegen?

....

....

3. Lies dir die mittlere Zeile der 2. Strophe durch.
Was soll die Biene sammeln? Schreibe die beiden Begriffe auf.

....

4. Das Lied hat noch weitere Strophen, die aber kaum bekannt sind.
Eine der weiteren Strophen lautet:
Summ, summ, summ! Bienchen, summ herum!
Wollen bei den Christgeschenken freudig deiner auch gedenken.
Summ, summ, summ! Bienchen, summ herum!

Stelle Vermutungen auf, was mit der mittleren Zeile gemeint sein könnte.

....

....

....

BIENENFACTS – SCHÄTZFRAGEN (1/2)

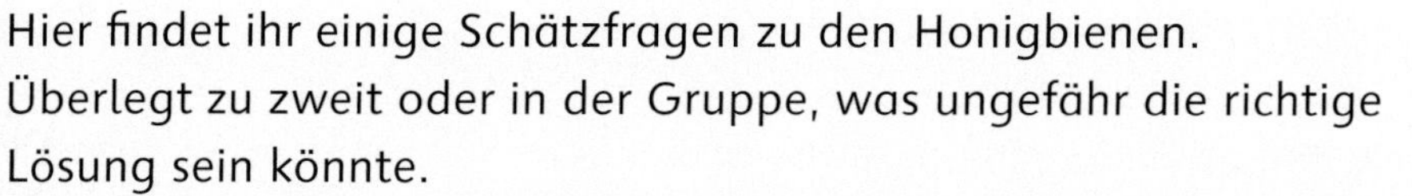

Hier findet ihr einige Schätzfragen zu den Honigbienen.
Überlegt zu zweit oder in der Gruppe, was ungefähr die richtige Lösung sein könnte.
Die richtigen Lösungen findet ihr auf dem passenden Lösungsblatt.

1. Wie viele Bienen gehören im Sommer etwa zu einem Bienenvolk?

Vermutung: .... Richtige Lösung: ....

2. Wie viele Bienen gehören im Winter etwa zu einem Bienenvolk?

Vermutung: .... Richtige Lösung: ....

3. Wie viele Blüten kann eine Sammelbiene pro Ausflug insgesamt etwa anfliegen?

Vermutung: .... Richtige Lösung: ....

4. Wie viele Kilometer fliegt eine Biene in ihrem Leben ungefähr?

Vermutung: .... Richtige Lösung: ....

5. Wie viele Bienen wiegen genauso viel wie eine 1-Cent-Münze?

Vermutung: .... Richtige Lösung: ....

6. Wie viele Eier kann eine Bienenkönigin pro Tag ablegen?

Vermutung: .... Richtige Lösung: ....

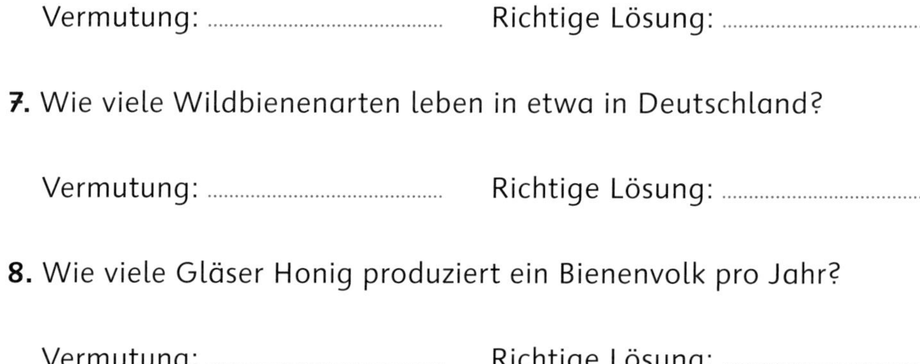

7. Wie viele Wildbienenarten leben in etwa in Deutschland?

Vermutung: .... Richtige Lösung: ....

8. Wie viele Gläser Honig produziert ein Bienenvolk pro Jahr?

Vermutung: .... Richtige Lösung: ....

9. Wie viel Kilogramm Honig isst jeder Mensch in Deutschland pro Jahr im Durchschnitt?

Vermutung: .... Richtige Lösung: ....

BIENENFACTS – LÖSUNGEN (2/2)

Hier gibt es die Lösungen zu den Schätzfragen.
Es kommt nicht darauf an, die genaue Zahl geschätzt zu haben.
Auch eine dicht daneben liegende Zahl ist sehr gut!

1. Wie viele Bienen gehören im Sommer etwa zu einem Bienenvolk?

Zu einem Bienenvolk gehören im Sommer etwa 30 000 Bienen, manchmal können es aber sogar ***bis zu 50 000*** *sein.*

2. Wie viele Bienen gehören im Winter etwa zu einem Bienenvolk?

Zu einem Bienenvolk gehören im Winter ***etwa 10 000 Bienen****.*

3. Wie viele Blüten kann eine Sammelbiene pro Ausflug insgesamt etwa anfliegen?

Eine Sammelbiene fliegt pro Ausflug ***etwa 100 Blüten*** *an.*

4. Wie viele Kilometer fliegt eine Biene in ihrem Leben ungefähr?

Eine Biene fliegt in ihrem Leben etwa eine ***Strecke von 800 km****.*
Das ist die Entfernung von Hamburg nach München.

5. Wie viele Bienen wiegen genauso viel wie eine 1-Cent-Münze?

Ungefähr 20 Bienen *wiegen genau so viel wie eine 1-Cent-Münze.*

6. Wie viele Eier kann eine Bienenkönigin pro Tag ablegen?

Eine Bienenkönigin kann ***bis zu 2 000 Eier*** *pro Tag ablegen.*

7. Wie viele Wildbienenarten leben in etwa in Deutschland?

In Deutschland leben ***etwa 560 Wildbienenarten****.*

8. Wie viele Gläser Honig produziert ein Bienenvolk pro Jahr?

Je nach Wetter produzieren Bienenvölker ***ungefähr 40 bis 60 Gläser Honig*** *(ein Glas enthält 500 g).*

9. Wie viel Kilogramm Honig isst jeder Mensch in Deutschland pro Jahr im Durchschnitt?

Jeder Mensch in Deutschland isst pro Jahr durchschnittlich etwa ***1 kg Honig****.*

WAS SIND EIGENTLICH INSEKTEN?

Im Sommer fliegen nicht nur Vögel und Flugzeuge durch die Luft, sondern auch **Insekten**. Insekten kannst du meist an bestimmten Merkmalen erkennen.
Der Körper von Insekten besteht aus **3 Teilen**: dem Kopf, der Brust und dem Hinterleib.
Sie haben an ihrem Kopf 2 Fühler, 2 Augen und Mundwerkzeuge.
An der Brust befinden sich die 6 Beine und außerdem meist 2 Paar Flügel (also insgesamt 4). Im Hinterleib sind die inneren Organe zu finden.
In Deutschland gibt es **etwa 33 000 verschiedene Insektenarten**, weltweit sind etwa eine Million Insektenarten bekannt. Forscher vermuten allerdings, dass mehrere Millionen Insektenarten noch gar nicht entdeckt und beschrieben wurden.
Übrigens: **Spinnen** haben 8 Beine und sind keine Insekten.

Beantworte die folgenden Fragen. Schreibe ins Heft oder auf ein Blatt Papier.

1. Welche Insekten kennst du? Nenne mindestens 5 verschiedene Arten.

2. Aus welchen 3 Körperteilen bestehen Insekten?

3. Was befindet sich an der Brust von Insekten?

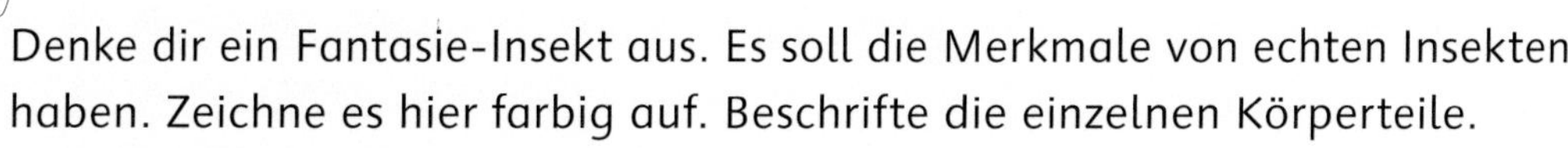

Denke dir ein Fantasie-Insekt aus. Es soll die Merkmale von echten Insekten haben. Zeichne es hier farbig auf. Beschrifte die einzelnen Körperteile.

Name meines Insekts: ....

HONIGBIENEN, WILDBIENEN UND WESPEN (1/2)

HONIGBIENEN

Die Honigbiene wird von Imkerinnen und Imkern **gezüchtet**. Gemeinsam mit vielen anderen Bienen lebt sie in einem **großen Volk**. Im Sommer können in einem Bienenvolk etwa 30000 Tiere zusammenleben, manchmal sind es sogar bis zu 50000.
Die Honigbiene ist ein **Nutztier**, da sie für den Menschen nützlich ist. In der Landwirtschaft ist sie sogar das drittwichtigste Nutztier nach Rind und Schwein.
Im Bienenvolk gibt es **3 verschiedene Bienenwesen**: die Königin, die Arbeiterinnen und die männlichen Drohnen.

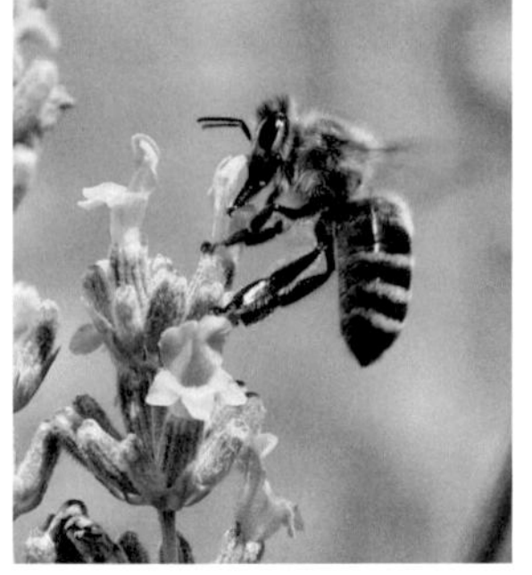

© Holger Mittelstädt

WILDBIENEN

Wenn man von „Bienen" spricht, denken viele erst an die Honigbiene. Dabei gibt es in Deutschland auch über **560 verschiedene Wildbienenarten**.
Im Gegensatz zu Honigbienen, die von Imkerinnen und Imkern gezüchtet werden, leben Wildbienen in der Natur und sind auf sich selbst gestellt. Die verschiedenen Arten sehen sehr unterschiedlich aus und können zwischen 4 und 30 mm groß sein. Die meisten Wildbienen leben außerdem nicht in einem großen Volk, sondern allein.

Eine Wildbienenart, die du sicher kennst, sind die **Hummeln**. Sie sind aber keine Einzelgänger, sondern leben in **Staaten** von 50 bis 600 Tieren und haben eine Königin. In Deutschland gibt es ungefähr **40 unterschiedliche Hummelarten**.
Eine, die du wahrscheinlich schon häufig draußen gesehen hast, ist die „Dunkle Erdhummel". Sie unterscheidet sich äußerlich von der Honigbiene vor allem dadurch, dass sie **größer** und **stärker behaart** ist. Hummeln sind normalerweise recht friedliche Tiere.

© Henryk Olszewski – stock.adobe.com

WESPEN

In Deutschland gibt es **etwa 10 unterschiedliche Wespenarten**, zu denen übrigens auch die **Hornisse** zählt. Einige Wespenarten leben in Völkern, viele aber auch als Einzelgänger.
Die Wespenarten, denen wir hier am häufigsten begegnen, sind die „**Deutsche Wespe**" und die „**Gemeine Wespe**". Beide lieben zum Beispiel Fleisch und Kuchen. Andere Wespenarten, wie auch die Hornisse, meiden Menschen und deren Speisen eher.
Übrigens sind Wespen nicht aggressiver als Bienen. Sie stechen nur, wenn sie sich bedroht fühlen. Dann allerdings können sie, im Gegensatz zur Biene, auch mehr als einmal zustechen. Wenn du eine Wespe siehst, schlage also nicht nach ihr, sondern verhalte dich einfach ganz **ruhig**.

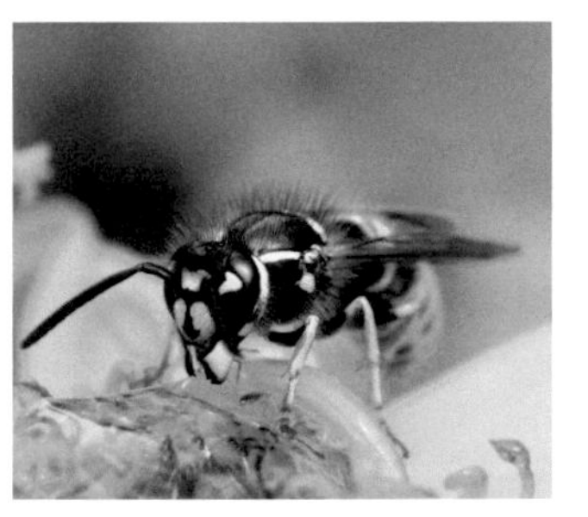

© Anterovium – stock.adobe.com

ISBN 978-3-8346-4298-1 | www.verlagruhr.de

HONIGBIENEN, WILDBIENEN UND WESPEN – AUFGABEN (2/2)

Lest den Text „Honigbienen, Wildbienen und Wespen".
Arbeitet zu zweit. Sprecht über die Gemeinsamkeiten und die Unterschiede zwischen Honigbienen, Wildbienen und Wespen.

Arbeitet in einer Gruppe mit 3–4 Kindern.
Wählt eine Wildbienen- oder Wespenart aus den Listen unten aus. Sucht im Internet oder in Büchern nach weiteren Informationen zu eurer Wildbienen- oder Wespenart.

Bereitet dann einen kurzen Vortrag für eure Mitschülerinnen und Mitschüler vor. Wenn ihr wollt, könnt ihr auch ein Plakat gestalten.

Wildbienenarten

- Rote Mauerbiene
- Frühlings-Pelzbiene
- Dunkle Erdhummel
- Ackerhummel

Wespenarten

- Deutsche Wespe
- Gemeine Wespe
- Hornisse

Diese Fragen zu eurer Wildbienen- oder Wespenart können euch helfen:

- Wie sieht sie aus?
- Woran kann man sie besonders gut erkennen?
- Wie oft kommt sie in Deutschland vor? Wie oft gibt es sie auf der ganzen Welt?
- Wo lebt sie?
- Lebt sie allein oder in einem Volk?
- Wovon ernährt sie sich?
- Wer sind ihre Feinde?
- Gibt es Besonderheiten?

560 WILDBIENENARTEN

© Holger Mittelstädt

In Deutschland leben **über 560 Wildbienenarten**. Sie leben in der Natur, werden also nicht von Imkerinnen und Imkern gezüchtet.

Die meisten Wildbienenarten sind **Einzelgänger** und leben nicht wie die Honigbiene in einem großen Volk.

Wildbienen ernähren sich wie Honigbienen von Nektar und Pollen. Allerdings benötigen viele Wildbienenarten den Pollen ganz bestimmter Pflanzen. Die Honigbiene ist dagegen nicht auf bestimmte Pflanzenarten angewiesen.

Oft sind Wildbienen nach ihrem **Aussehen** oder nach ihrem **Wohnort** benannt. So gibt es zum Beispiel die „Sandbiene", die „Mauerbiene" und die stark behaarte „Pelzbiene".

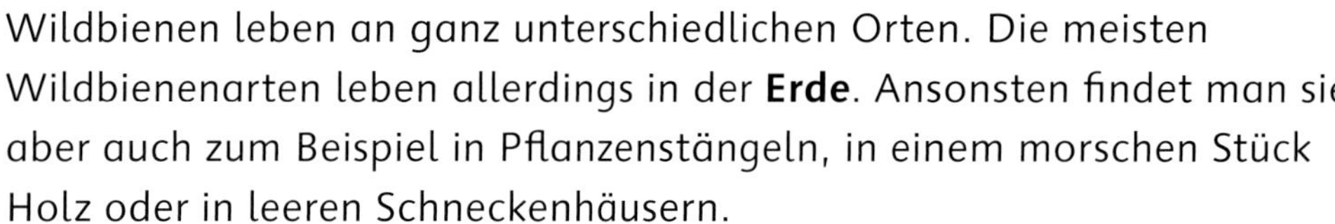

Wildbienen leben an ganz unterschiedlichen Orten. Die meisten Wildbienenarten leben allerdings in der **Erde**. Ansonsten findet man sie aber auch zum Beispiel in Pflanzenstängeln, in einem morschen Stück Holz oder in leeren Schneckenhäusern.

Von den etwa 560 Wildbienenarten ist ungefähr die Hälfte **gefährdet**, stark gefährdet oder leider bereits ausgestorben. Dabei sind Wildbienen für die Landwirtschaft und die Natur ebenso wichtig wie die Honigbiene.

Zum Beispiel kann die „Gehörnte Mauerbiene" viel besser und schneller Apfelblüten bestäuben als die Honigbiene. Stelle dir ein Feld mit Apfelbäumen vor, das so groß ist wie ein Fußballfeld. Um alle Apfelbäume darauf zu bestäuben, bräuchte man etwa 40000 Honigbienen! Gerade einmal 400 Gehörnte Mauerbienen würden das Gleiche schaffen. Deswegen sind Wildbienen für die Landwirtschaft auch so wichtig.

Beantworte die folgenden Fragen.
Schreibe ins Heft oder auf ein Blatt Papier.

1. Benenne wichtige Unterschiede zwischen der Honigbiene und den Wildbienen.

2. Wo leben Wildbienen?

Überlegt zu zweit, wo es in der Nachbarschaft eurer Schule Orte gibt, an denen Wildbienen ungestört leben können.

Überlegt in der Gruppe: Was könnt ihr dafür unternehmen, damit Wildbienen in eurer Gegend leben können? Schreibt 3 Ideen auf.

WAS SAMMELN HONIGBIENEN? – VERMUTUNGEN (1/3)

Eine Biene fliegt in ihrem Leben etwa 800 km. Das ist eine Entfernung von Hamburg bis München.
Alte Bienen, die schon viel geflogen sind, erkennt man an den ausgefransten Flügeln. So eine Biene sieht dann ungefähr so aus wie auf dem Bild rechts.

Auf ihren Flügen sammelt die Biene unterschiedliche Dinge, die sie dann im Bienenstock weiterverarbeitet.
Sie sammelt:

- Nektar aus Blüten
- Blütenstaub (der Fachbegriff dafür ist „Pollen“)
- Wasser
- Harz von Bäumen

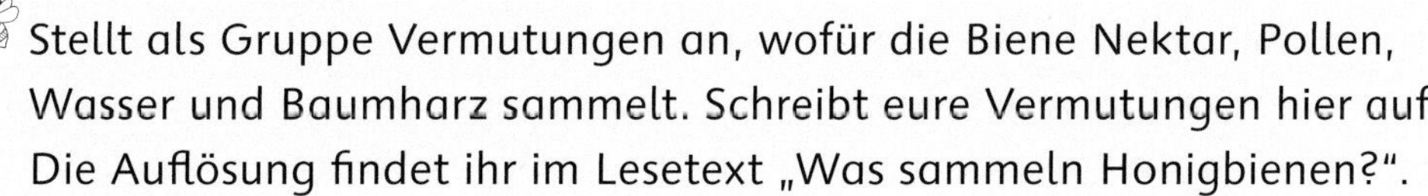

Stellt als Gruppe Vermutungen an, wofür die Biene Nektar, Pollen, Wasser und Baumharz sammelt. Schreibt eure Vermutungen hier auf.
Die Auflösung findet ihr im Lesetext „Was sammeln Honigbienen?“.

Nektar:	**Pollen:**
Wasser:	**Baumharz:**

WAS SAMMELN HONIGBIENEN? – LESETEXT (2/3)

Bienen sammeln keinen Honig, denn den gibt es in der Natur gar nicht. Aber: Bienen sammeln in den Blüten **Nektar**. Das ist eine süße, wässrige Flüssigkeit. Nektar wird von den Blüten gebildet, um Bienen anzulocken.

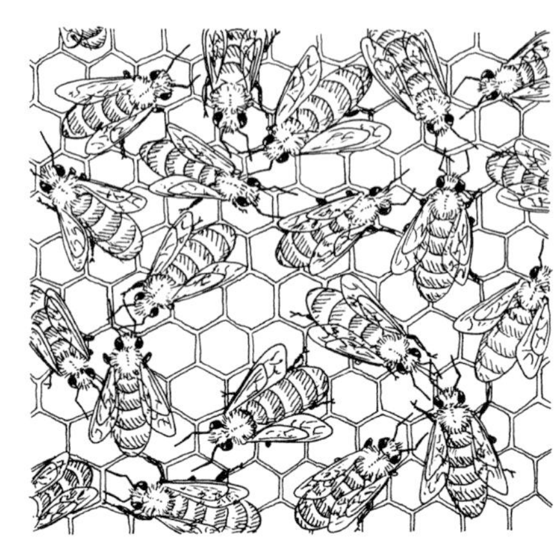

Die Bienen saugen den Nektar in der Mitte der Blüte auf. Dann lagern sie ihn in ihrem Honigmagen ein. Am Eingang zum Bienenstock oder im Bienenstock selbst geben die Bienen den gesammelten Nektar dann über ihren Rüssel an andere Bienen weiter. Wenn der Nektar immer wieder von Biene zu Biene ausgetauscht wird, wird ihm dabei Wasser entzogen.

Dadurch wird aus dem dünnflüssigen Nektar nach und nach dickflüssiger, klebriger, süßer **Honig**. Beim Austausch zwischen den Bienen werden dem Honig durch die Bienen auch noch weitere wichtige und gesunde Stoffe hinzugefügt.

Wenn der Honig fertig ist, lagern die Bienen ihn in den 6-eckigen Zellen im Bienenstock ein. Schließlich verdeckeln sie jede Honigzelle mit einer dünnen Wachsschicht.

Aus den Blüten bringen Bienen aber nicht nur den Nektar mit zurück in den Bienenstock. An ihren Hinterbeinen, in den sogenannten „Pollenhöschen" sammeln die Bienen Blütenstaub, den man auch **Pollen** nennt.

Der Pollen wird von den Bienen neben dem Honig als Nahrung benötigt und sie lagern ihn, wie auch den Honig, in den Zellen in ihrem Bienenstock ein.

Wasser benötigen die Bienen natürlich zum Trinken, so wie wir Menschen auch. Aber mit dem Wasser kühlen sie auch ihren Bienenstock. Stellt euch vor, ihr wart in einem See oder im Schwimmbad baden und trocknet euch danach nicht ab. Dann wird euch schnell kalt. Das passiert, weil das Wasser auf eurer Haut verdunstet und dabei Kälte erzeugt. So wird auch der Bienenstock mit Wasser gekühlt.

Das **Baumharz**, das die Bienen sammeln, benutzen sie, um damit den Bienenstock von innen abzudichten. Bienen mögen gar keinen Wind. Wenn es also im Bienenstock durch kleine Ritzen oder Löcher zieht, dann werden diese Öffnungen mit dem Baumharz abgedichtet.

Das Baumharz heißt, wenn die Bienen es verarbeitet haben, **Kittharz**. Der Fachbegriff lautet „Propolis". Es dichtet aber nicht nur den Bienenstock ab, sondern ist auch gut gegen Krankheitskeime.

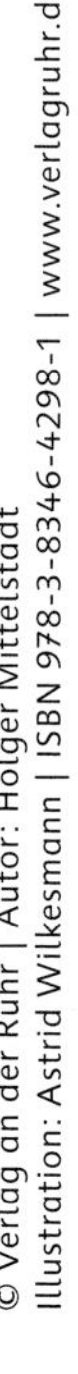

WAS SAMMELN HONIGBIENEN? – WISSENSSAMMLUNG (3/3)

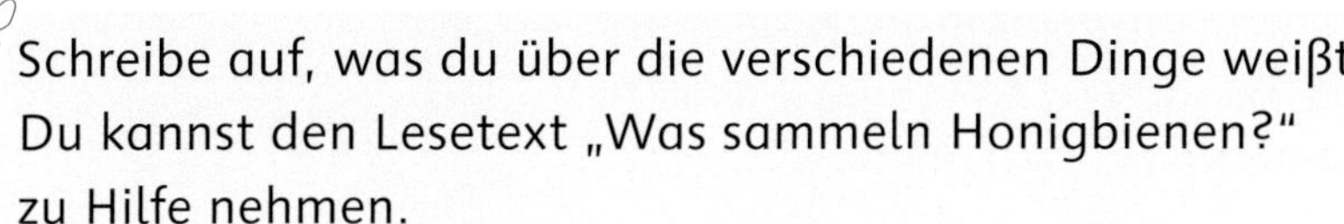

Schreibe auf, was du über die verschiedenen Dinge weißt. Du kannst den Lesetext „Was sammeln Honigbienen?“ zu Hilfe nehmen.

© cbckchristine – stock.adobe.com

Nektar:

Blütenstaub/Pollen:

Honig:

Kittharz/Propolis:

WAS PASSIERT, WENN BIENEN BLÜTEN BESUCHEN?

© Holger Mittelstädt

Auf dem Bild sieht man, wie eine Biene in die Blüte eines Apfelbaumes kriecht. Dort saugt die Biene in der Mitte den süßen Nektar auf. Der Nektar wird von den Blüten hergestellt, um Bienen anzulocken.

Wenn die Biene den Nektar aufsaugt, passiert nämlich auch für die Blüte etwas sehr Sinnvolles:

In den sogenannten **Staubbeuteln** befindet sich der Blütenstaub oder Pollen. Er hängt dort an langen, dünnen Stielen. Der Pollen wird von den Bienen an den Beinen und am Körper mit gesammelt und danach an die Blütenstempel in der Mitte der Blüte gebracht. Diese **Blütenstempel** erkennt ihr beim genauen Hinsehen an den etwas dunkleren Stielen. Das obere Ende des Stempels wird als **Narbe** bezeichnet. Mit einem Hinterbein hält sich die Biene am Stempel fest. Ein mittleres Bein und ein Fühler berühren einen Staubbeutel mit Pollen.

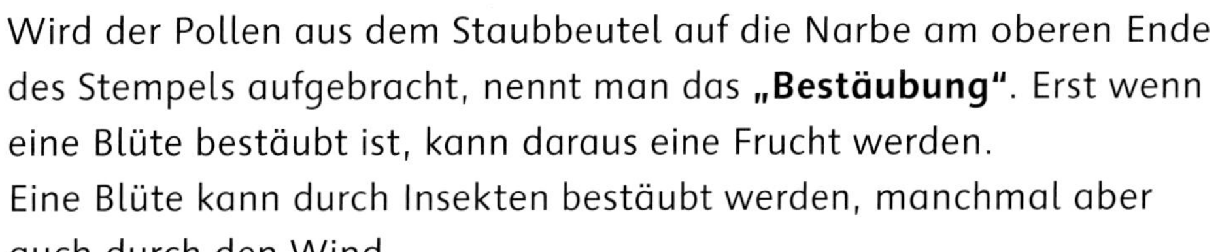

Wird der Pollen aus dem Staubbeutel auf die Narbe am oberen Ende des Stempels aufgebracht, nennt man das **„Bestäubung"**. Erst wenn eine Blüte bestäubt ist, kann daraus eine Frucht werden.
Eine Blüte kann durch Insekten bestäubt werden, manchmal aber auch durch den Wind.

Hier siehst du eine Blüte im Querschnitt.
Beschrifte die Teile der Blüte mit den Begriffen aus dem Kasten.
Male eine Biene in die Zeichnung. Lies dazu genau im Text nach, wie die Biene sich an der Blüte festhält.

Narbe, Stiel, Staubbeutel, Stempel

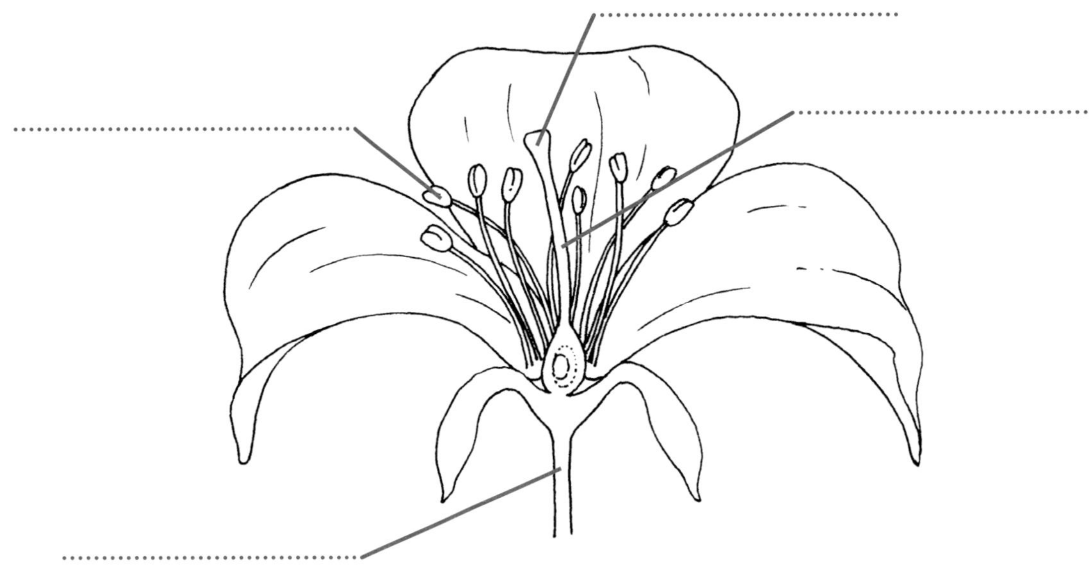

WAS BLÜHT WANN?

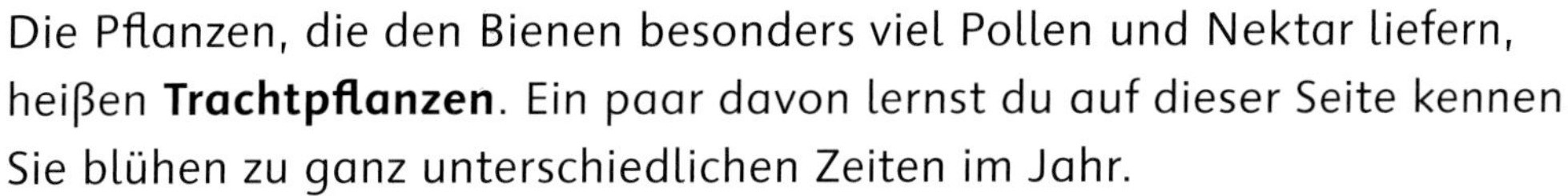

Die Pflanzen, die den Bienen besonders viel Pollen und Nektar liefern, heißen **Trachtpflanzen**. Ein paar davon lernst du auf dieser Seite kennen. Sie blühen zu ganz unterschiedlichen Zeiten im Jahr.

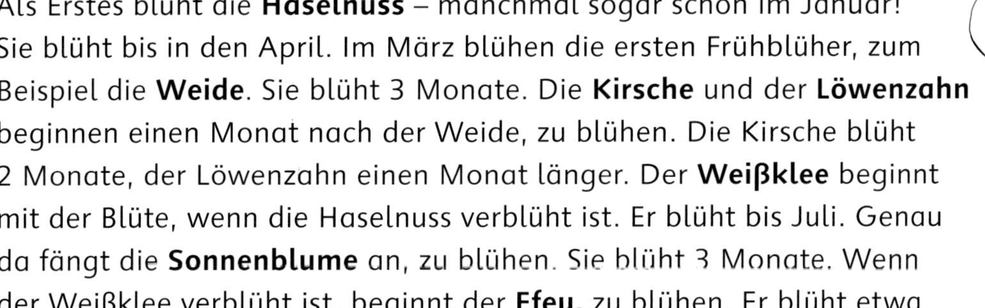

Als Erstes blüht die **Haselnuss** – manchmal sogar schon im Januar! Sie blüht bis in den April. Im März blühen die ersten Frühblüher, zum Beispiel die **Weide**. Sie blüht 3 Monate. Die **Kirsche** und der **Löwenzahn** beginnen einen Monat nach der Weide, zu blühen. Die Kirsche blüht 2 Monate, der Löwenzahn einen Monat länger. Der **Weißklee** beginnt mit der Blüte, wenn die Haselnuss verblüht ist. Er blüht bis Juli. Genau da fängt die **Sonnenblume** an, zu blühen. Sie blüht 3 Monate. Wenn der Weißklee verblüht ist, beginnt der **Efeu,** zu blühen. Er blüht etwa 3 Monate lang.

Kreuze an, welche Trachtpflanze in welchem Monat blüht.

	Januar	Februar	März	April	Mai	Juni	Juli	August	September	Oktober
Haselnuss										
Weide										
Kirsche										
Löwenzahn										
Weißklee										
Sonnenblume										
Efeu										

Kreuze die richtigen Antworten an. Nimm deine Tabelle zu Hilfe.
Die richtigen Buchstaben ergeben zusammen ein Lösungswort.

Welche Trachtpflanze kann eine Biene im März besuchen?

☐ Kirsche (N) ☐ Löwenzahn (S) ☐ Weide (W)

Welche Trachtpflanze kann eine Biene im Mai besuchen?

☐ Efeu (O) ☐ Haselnuss (I) ☐ Kirsche (A)

Welche Trachtpflanze kann eine Biene im Juni besuchen?

☐ Haselnuss (P) ☐ Weißklee (B) ☐ Weide (M)

Welche Trachtpflanze kann eine Biene im August besuchen?

☐ Sonnenblume (E) ☐ Löwenzahn (O) ☐ Weißklee (I)

Lösungswort: ....

Wabe

BIENENKÖNIGIN, ARBEITERIN UND DROHN

Im Bienenvolk gibt es 3 Bienenwesen: die **Bienenkönigin**, die weiblichen **Arbeitsbienen** und die männlichen Bienen, die **Drohnen** heißen. Sie haben unterschiedliche Aufgaben. Du wirst sie noch genauer kennenlernen. Hier siehst du aber schon einmal die 3 Bienenwesen.

Kannst du erraten, wer wer ist? Schreibe deine Vermutungen auf.

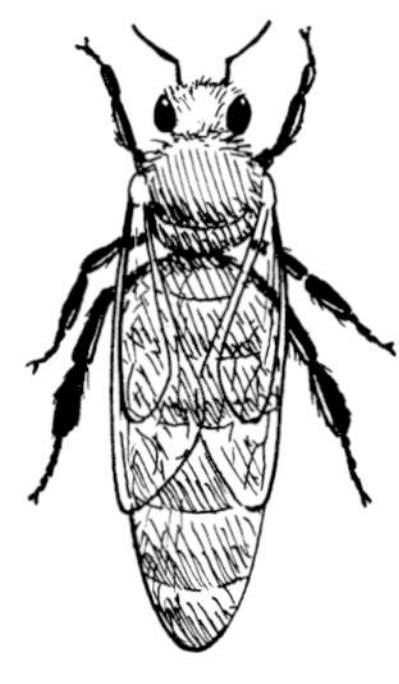

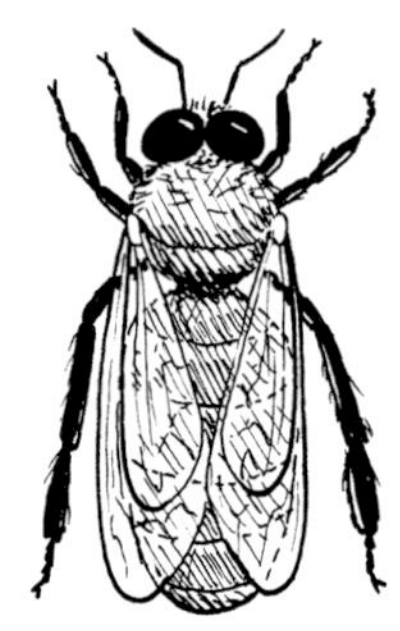

....

Bienenkönigin Drohn Arbeitsbiene

Vergleiche die 3 Bienenwesen. Schreibe etwas zu Körpergröße, Augengröße und Größe und Form des Hinterleibes.

	Körperlänge	**Augengröße**	**Größe und Form des Hinterleibes**
Bienenkönigin			
Arbeitsbiene			
Drohn			

VOM EI ZUR BIENE

In der linken Spalte kannst du nachlesen, wie aus einem Ei eine Arbeitsbiene entsteht.

Verbinde die Bilder rechts mit dem passenden Text.
Achtung: Es gibt nicht zu allen Tagen ein passendes Bild!
Die kleinen Symbole ● helfen dir.

Tag 1
Die Bienenkönigin sucht eine saubere, von den Arbeiterinnen gereinigte Zelle. Hat sie eine gefunden, steckt sie ihren Hinterleib in die Zelle und legt ein längliches, kleines Ei in der Zelle ab. Das Ei steht auf dem Zellenboden. ●

Tag 2
Das winzige Ei neigt sich leicht zur Seite.

Tag 3
Nun liegt das Ei am Zellenboden.

Tag 4
Aus dem Ei schlüpft eine Made. ●

Tag 5 bis 8
Die Made wird durch Arbeiterinnen mit Futtersaft gefüttert und wächst schnell. Sie wird zu einer Rundmade, die dann mit Pollen und Honig gefüttert wird.

Tag 9
Die offene Zelle wird mit Bienenwachs verschlossen. ●

Tag 10 bis 20
Die Larve beginnt damit, sich in der verschlossenen Zelle wie ein Schmetterling in einen Kokon einzuspinnen. Das dauert etwa 4 Tage, dann wird aus der Larve eine sogenannte Puppe. ●

Tag 21
Die ausgewachsene Biene knabbert nun von innen den Wachsdeckel der Zelle auf und schlüpft. ●

● 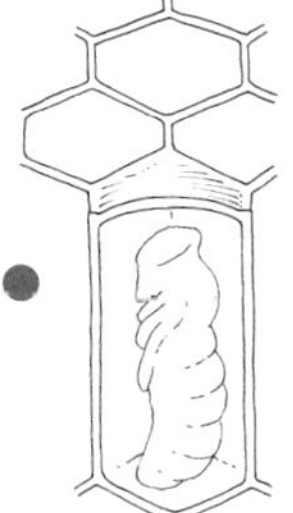

● 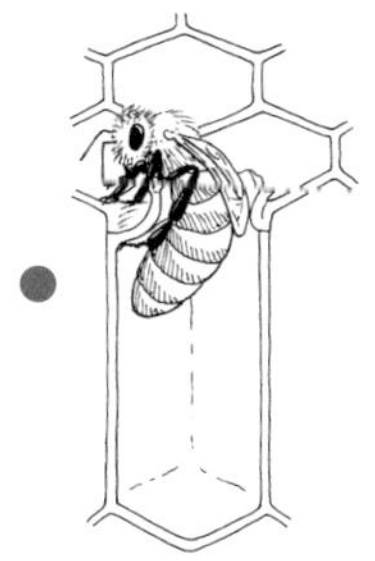

● 

● 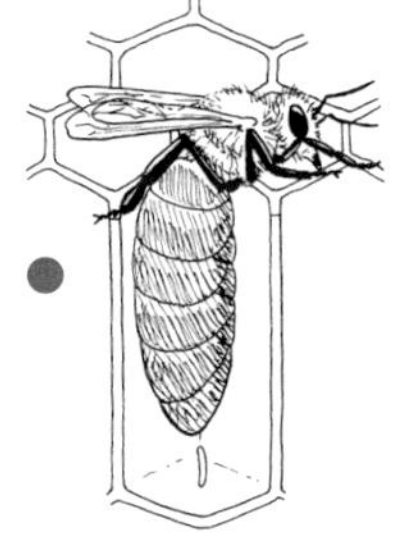

● 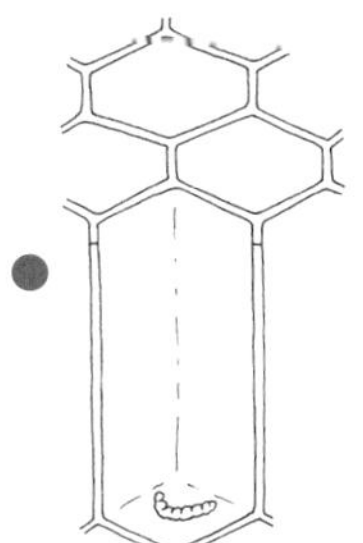

DAS BIENENVOLK – DIE ARBEITERIN UND IHRE AUFGABEN (1/4)

Im Bienenvolk bilden die **Arbeiterinnen** die große Mehrheit.
Etwa 30000 Arbeiterinnen leben im Sommer im Bienenvolk. Im Vergleich zu den Drohnen und der Königin sind sie die **kleinsten** und fleißigsten Bienen. Etwa 20 Arbeitsbienen wiegen so viel wie eine 1-Cent-Münze. Sie sind also echte Leichtgewichte. Kein Wunder: Sie sind nur 12 bis 15 mm groß.

Das ist eine Arbeitsbiene in Originalgröße: 

Die Arbeiterinnen haben im Lauf ihres Lebens **viele unterschiedliche Aufgaben**. Im Sommer sieht das Leben einer Arbeitsbiene so aus:

1. bis 2. Tag:
Die Biene schlüpft aus ihrer Zelle. Sie gehört nun zu den **Putzbienen**: Sie putzt sich selbst und die Brutzellen. Außerdem wärmt sie die Brut.

3. bis 5. Tag:
Als **Ammenbiene** füttert die Biene die älteren Bienenmaden.

6. bis 12. Tag:
Die Biene putzt im Bienenstock und füttert die jüngeren Maden. Außerdem nimmt sie den Nektar ab und stopft Pollen in die einzelnen Zellen der Waben.

13. bis 18. Tag:
In diesem Zeitraum ist die Biene damit beschäftigt, aus Wachs, das sie selbst produziert, Zellen zu bauen. Deshalb gehört sie nun auch zu den **Baubienen**.

Am **16. Tag** bereitet sie sich außerdem auf die ersten Ausflüge vor und fliegt sich vor dem Bienenstock ein.

Am **17. und 18. Tag** hält sich die Biene als **Wächterbiene** im Eingangsbereich des Bienenstocks auf. Sie gibt darauf acht, dass keine Feinde – zum Beispiel Wespen – eindringen.

19. bis 35. Tag:
Die Biene ist nun eine **Sammelbiene**. Sie fliegt jeden Tag aus und sammelt Nektar und Pollen (Blütenstaub).

35. Tag:
Ungefähr am 35. Tag ist die Biene alt und stirbt.

DAS BIENENVOLK – LEBENSLAUF DER ARBEITSBIENE (2/4)

Lies den Text „Die Arbeiterin und ihre Aufgaben".
Trage die richtigen Antworten zu den Fragen
in das Kreuzworträtsel ein.
Die markierten Felder ergeben ein Lösungswort.

Horizontal ▶

1. Was stopft die Biene vom 6. bis 12. Tag in die einzelnen Zellen der Waben?
4. Was wärmt die Biene am 1. und 2. Tag?
5. Wo putzt die Biene vom 6. bis 12. Tag?
6. Welche älteren Tiere füttert die Biene vom 3. bis 5. Tag?
7. Zu welcher Jahreszeit leben etwa 30000 Arbeiterinnen im Bienenstock?

Vertikal ▼

2. Worauf bereitet sich die Biene am 16. Tag vor?
3. Vom 19. bis 35. Tag sammelt die Biene jeden Tag Pollen. Sie sammelt aber noch etwas – was?
8. Woraus schlüpft die Biene?
9. Welche Gruppe bildet im Bienenvolk die große Mehrheit?
10. Woraus baut die Biene vom 13. bis 18. Tag Zellen?

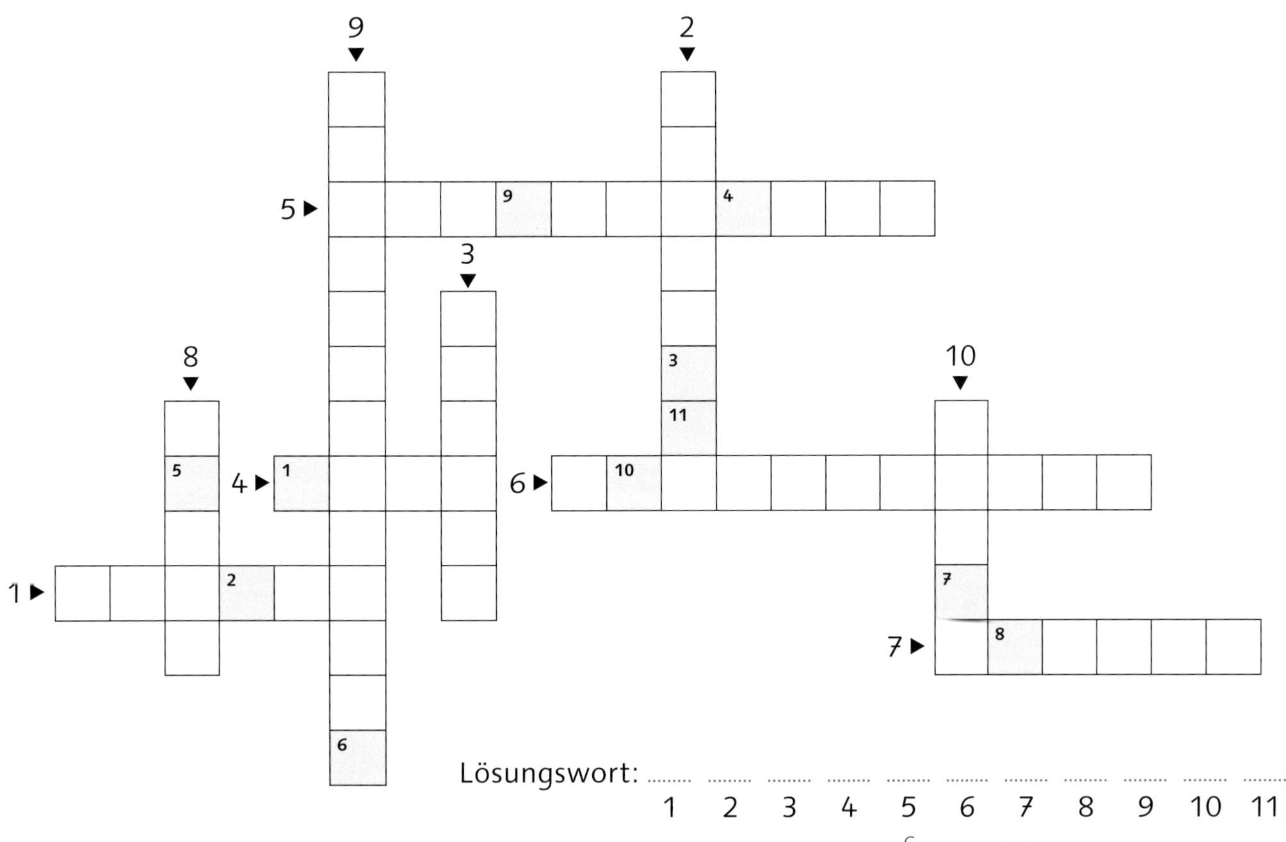

DAS BIENENVOLK – DIE KÖNIGIN UND DER DROHN (3/4)

Die Königin  Das ist eine Königin in Originalgröße.

Die Königin ist die **Herrscherin im Bienenvolk**. Ohne sie kann ein Bienenvolk nicht überleben.
Aber wie wird eine Biene überhaupt zur Bienenkönigin? Das geschieht durch eine spezielle Ernährung. Während die Biene noch eine Larve ist, wird sie mit **Gelée royale** ernährt. Das ist ein besonderer Futtersaft. Außerdem wachsen die Larven in besonderen Zellen auf, den sogenannten **Weiselzellen**. Diese sind größer als normale Zellen und hängen meist unten an der Wabe.

Die fertige Bienenkönigin hat schließlich eine sehr wichtige Aufgabe: Sie legt jeden Tag unzählige **befruchtete Eier** in die Zellen der Waben, aus denen dann neue Arbeitsbienen entstehen. Im Sommer kann eine Bienenkönigin **bis zu 2000 Eier pro Tag** legen. Das sind etwa 1–2 Eier pro Minute! Eine Bienenkönigin hat im Vergleich zu den Arbeiterinnen und Drohnen ein sehr langes Leben. Sie kann **5 Jahre** alt werden, also viel älter als die anderen Bienenwesen.

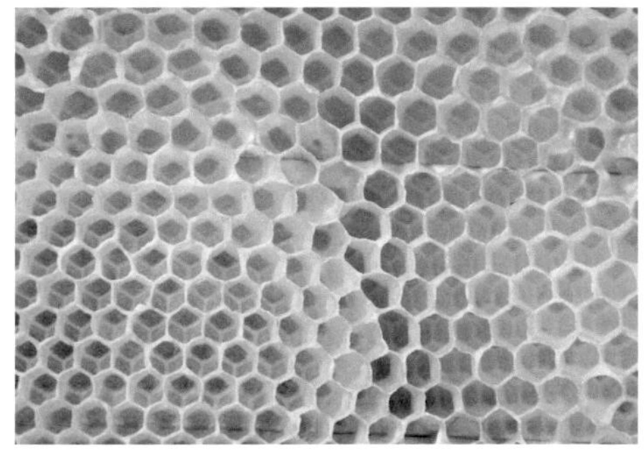
© Holger Mittelstädt

Einige Tage nachdem die Königin geschlüpft ist, unternimmt sie ihren **Hochzeitsflug**: Sie fliegt weit von ihrem Bienenstock weg, gibt einen Duft ab und lockt damit männliche Bienen, die Drohnen, an. Dann paart sie sich in der Luft mit mehreren Drohnen. Die Drohnen stammen aus unterschiedlichen Bienenvölkern. Die Bienenkönigin nimmt von bis zu 15 verschiedenen Drohnen etwa 10 Millionen Samen in ihre Samenblase auf. Nach der Paarung stirbt der Drohn. Die Samen braucht die Königin. Nur wenn ihre Eier mit Samen der Drohnen befruchtet sind, können daraus neue Arbeitsbienen entstehen. Eine Königin kann aber auch unbefruchtete Eier legen. Daraus entstehen dann Drohnen.

Der Drohn  Das ist ein Drohn in Originalgröße.

Die Drohnen sind die **männlichen Bienen** im Bienenstaat. Von ihnen gibt es nur wenige Tiere in jedem Volk, etwa 500 bis 1000. Sie entstehen, wenn die Königin **unbefruchtete Eier** in etwas größere Zellen legt. Auf dem Bild weiter oben siehst du diese Zellen. In den rechten, etwas größeren Zellen wachsen Drohnen heran, links die Arbeiterinnen. Die einzige Aufgabe der Drohnen besteht darin, die Königin auf dem Hochzeitsflug mit Samen zu **befruchten**.
Wenn im Herbst im Bienenvolk das Futter knapper wird, werden die Drohnen aus dem Volk vertrieben.

DAS BIENENVOLK – DIE AUFGABEN VON KÖNIGIN, ARBEITERIN UND DROHN (4/4)

Du hast nun einiges über die Bienenkönigin, Arbeiterinnen und Drohnen gelesen.
Bist du schon ein richtiger Profi? Finde es im Quiz heraus!
Kreuze die richtigen Antworten an.
Die Buchstaben bei den richtigen Antworten ergeben ein Lösungswort.

1. Was ist der erste „Beruf“ einer Arbeitsbiene?
☐ Ammenbiene (S) ☐ Putzbiene (B) ☐ Wächterbiene (H)

2. Welches Bienenwesen wird am ältesten?
☐ Bienenkönigin (I) ☐ Arbeiterin (E) ☐ Drohn (O)

3. Wie viele Eier kann eine Bienenkönigin pro Tag maximal legen?
☐ 1–2 (I) ☐ 2000 (E) ☐ 10 Millionen (A)

4. Was ist keine Aufgabe einer Arbeitsbiene?
☐ Sammelbiene (X) ☐ Baubiene (M) ☐ Kochbiene (N)

5. Was entsteht aus unbefruchteten Eiern?
☐ Drohnen (E) ☐ Arbeiterinnen (U) ☐ Bienenkönigin (O)

6. Wie viele Drohnen leben in einem Bienenvolk?
☐ 100 bis 200 (K) ☐ 500 bis 1000 (N) ☐ 1000 bis 2000 (J)

7. Welches Bienenwesen ist das kleinste?
☐ Bienenkönigin (W) ☐ Arbeiterin (V) ☐ Drohn (P)

8. Wie viele Arbeiterinnen leben im Sommer in etwa im Bienenstock?
☐ 30000 (O) ☐ 50000 (R) ☐ 100000 (A)

9. Wie alt werden Arbeitsbienen in etwa?
☐ 5 Jahre (S) ☐ 12 Tage (T) ☐ 35 Tage (L)

10. Wozu gehört die Arbeitsbiene, wenn sie vor dem Bienenstock aufpasst?
☐ Wächterbienen (K) ☐ Sammelbienen (N) ☐ Baubienen (D)

Lösungswort: ....

Bienenvolk

TANZENDE BIENEN

Hast du dich schon einmal gefragt, wie Bienen miteinander sprechen? Ganz einfach: Sie tanzen!
Meistens tanzen Bienen, um ihr Volk über eine geeignete Futterstelle zu informieren. Es gibt dabei 2 Arten von Bienentänzen: den **Rundtanz** und den **Schwänzeltanz**.
Bei Futterstellen in der Nähe führen Bienen den einfachen Rundtanz auf. Hierbei beschreiben die Bienen einfach einen Kreis.
Für weiter entfernte Stellen gibt es den Schwänzeltanz. Du siehst ihn in der Abbildung. Wie du siehst, bewegt sich die Biene dabei ungefähr in einer Acht. Auf der Geraden schwingt die Biene ihr Hinterteil hin und her. Daher hat der Schwänzeltanz auch seinen Namen. Die Gerade in der Mitte zeigt außerdem die Richtung der Futterstelle an, genauer gesagt, den Winkel zur Sonne. Im Schwänzeltanz sind aber noch mehr Informationen enthalten: Je nachdem, wie schnell der Schwänzeltanz ausgeführt wird, zeigt die Biene an, wie weit entfernt die Futterquelle ist. Und daran, wie intensiv die Biene ihr Hinterteil schwingt, können die anderen erkennen, die groß die Futterstelle ist. Außerdem können die anderen Bienen an der tanzenden Biene den Duft der Blüten wahrnehmen, die sich an der Futterstelle befinden.

Verbinde die Elemente des Schwänzeltanzes mit den Informationen, die die Biene damit vermittelt.

Elemente	Informationen
Gerade in der Mitte	Entfernung der Futterstelle
Schnelligkeit des Tanzes	Richtung der Futterstelle
Intensität der Bewegungen des Hinterleibs	An der Futterstelle vorhandene Blüten
Duft	Größe der Futterstelle

Denkt euch als Gruppe euren eigenen Schwänzeltanz aus!
Versucht, euch so wie die Bienen beim Schwänzeltanz zu bewegen.
Probiert verschiedene Richtungen, Umdrehungen und Geschwindigkeiten aus.
Führt euren Schwänzeltanz in der Klasse vor.

DIE KÖRPERTEILE DER BIENE

Die Biene hat die gleichen Körperteile wie die meisten anderen Insekten auch.

Beschrifte die Abbildung mit den Begriffen aus dem Kasten.
Male die Biene aus. Achte dabei auf die richtigen Farben.
Du kannst dazu in einem Buch oder im Internet recherchieren.

Kopf – Brust – Hinterleib – 3 Beinpaare – 2 Flügelpaare – 2 Fühler – Rüssel – Auge

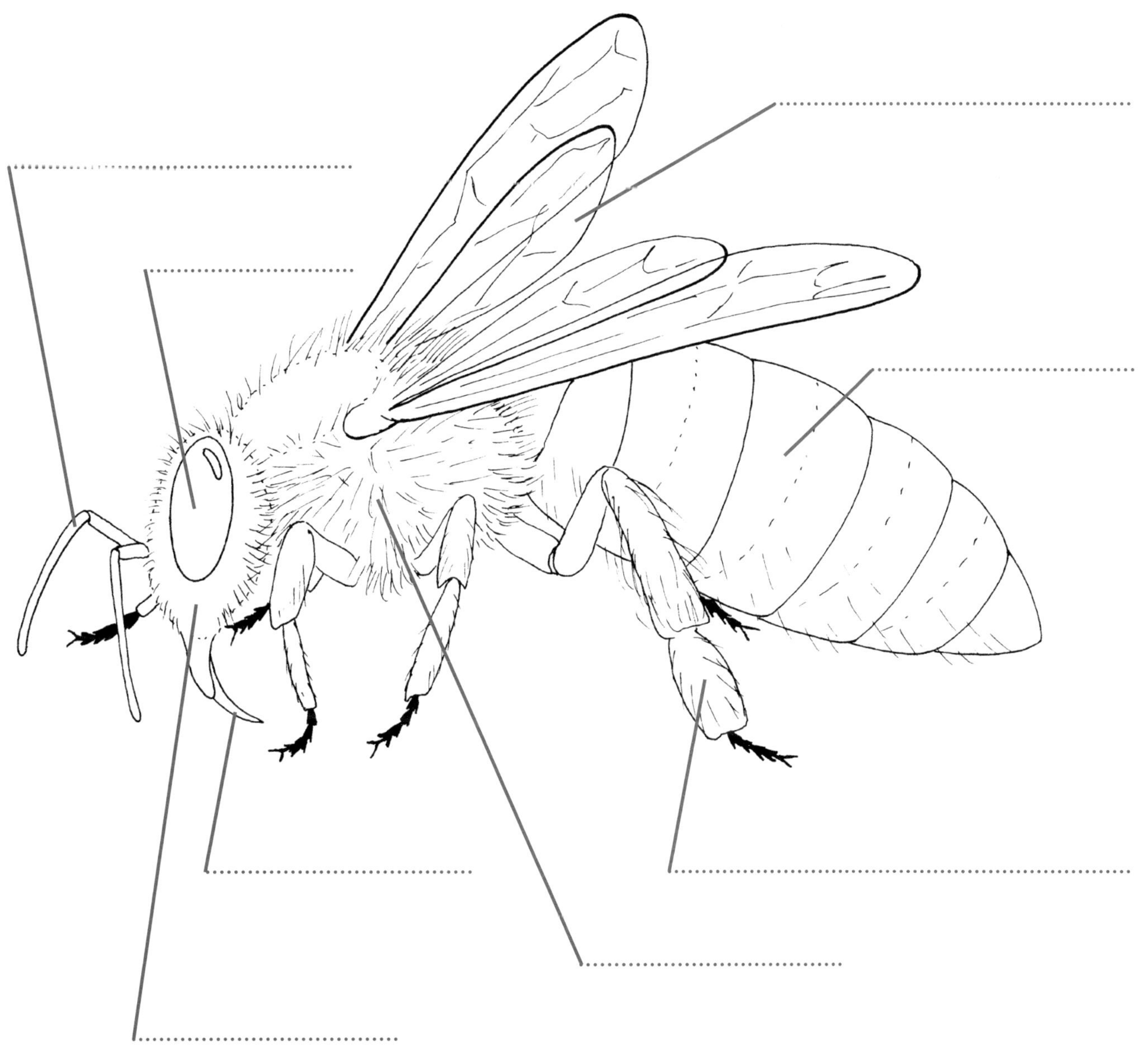

DER JAHRESABLAUF IM BIENENVOLK – FRÜHLING (1/5)

Der Jahresablauf im Bienenvolk richtet sich nach der Natur und dem Wetter und nicht nach bestimmten Monaten. Deshalb kann sich von Jahr zu Jahr auch immer wieder etwas **verschieben**.
Zu Beginn des Frühlings fliegen die Bienen das erste Mal im Jahr aus. Dieser erste Flug im Jahr heißt **Reinigungsflug**. Den ganzen Winter über befinden sich die Bienen im Bienenstock und können nicht ausfliegen. Ist es das erste Mal über 10 Grad warm, wollen alle Bienen den Bienenstock so schnell wie möglich verlassen. Dann herrscht vor dem Bienenstock richtig viel Betrieb.

Den Reinigungsflug nutzen die Bienen vor allem, um ihren **Darm** zu entleeren. Denn den ganzen Winter über konnten sie nicht auf die Toilette gehen – sie wollten ja nicht ihren Bienenstock, in dem sie leben, verdrecken. Nun fliegen sie aus und erleichtern sich. Wenn Bienenvölker in eurer Nähe leben und zum Beispiel Wäsche zum Trocknen draußen hängt, werdet ihr nach dem Reinigungsflug bestimmt kleine gelb-braune Streifen auf der Wäsche entdecken. Jetzt wisst ihr, woher diese kommen.

Im Frühjahr sind die Bienen damit beschäftigt, von Obstblüte zu Obstblüte zu fliegen. Apfelbaum, Birnbaum, Pflaumenbaum und Kirschbaum blühen nun. Die Arbeitsbienen sammeln Nektar und Pollen auf diesen Obstblüten. Jetzt blühen aber auch schon der Löwenzahn und der Klee, beides wird auch gern von Bienen besucht. In den Gärten finden Bienen nun auch reichlich Nahrung bei Beerensträuchern.

Im Bienenstock legt die Königin richtig los mit dem Legen der Eier. Denn aus dem Wintervolk, das nur etwa 10 000 Bienen hat, soll nun ein starkes, großes Volk werden. Am Ende des Frühlings hat ein Bienenvolk **bis zu 50 000 Bienen**. So viele Bienen sind nötig, damit für den kommenden Winter genug Vorräte gesammelt werden können.

Reinigungsflug der Bienen © Holger Mittelstädt

ISBN 978-3-8346-4298-1 | www.verlagruhr.de

DER JAHRESABLAUF IM BIENENVOLK – SOMMER (2/5)

Am Ende des Frühlings oder zu Beginn des Sommers ist das Bienenvolk sehr stark gewachsen. Dann wird es eng im Bienenstock. Ein Teil der Bienen will nun ein neues Volk an einem anderen Ort bilden. Man sagt, im Volk erwacht der **Schwarmtrieb**: Ein Teil des Volkes will ausschwärmen. Mit dieser Methode der Teilung vermehren sich Bienenvölker.

Das passiert so: Zunächst wird im Bienenvolk eine neue Königin aufgezogen. Wenn sie geschlüpft ist, gibt es im Volk 2 Königinnen, die alte und eine neue. Das gefällt den beiden Königinnen nicht und den Bienen erst recht nicht. Deshalb zieht die alte Königin mit einem Teil des Volkes aus. Man sagt, das Volk schwärmt.
Zunächst lässt sich das ausgeschwärmte Bienenvolk an einem Baum in der Nähe nieder. Es bildet eine dicke **Bienentraube** um die Königin herum.
Von diesem Platz aus sucht sich das Volk eine neue Behausung. Einige Bienen verlassen die Bienentraube und suchen nach geeigneten Plätzen. Das können hohle Baumstämme, ein verlassener Dachboden oder auch eine alte Blechtonne sein.
Sind die Kundschafter-Bienen bei der Suche erfolgreich gewesen, setzt sich die ganze Schwarmtraube in Bewegung und fliegt zu ihrer neuen Behausung. Hier wird sofort mit dem Bau von neuen Waben begonnen. So kann die Königin Eier für den Nachwuchs legen und die Arbeitsbienen können Honigvorräte anlegen.
Für Imkerinnen und Imker ist der Schwarmtrieb gar nicht so toll: Sie verlieren dadurch viele Bienen und Honig. Deshalb versuchen sie, den Schwarmtrieb zu verhindern.

Bis zur Mitte des Sommers sammeln Bienen noch Nektar für die **Honigvorräte**. Die Pflanzen, die danach blühen, liefern nicht mehr so viel Nektar. Mit den jetzt gesammelten Honigvorräten müssen die Bienen den ganzen Winter überstehen.
Im Sommer werden Arbeitsbienen etwa 5 Wochen alt und sterben schließlich, nachdem sie fleißig viele Kilometer geflogen sind und Nektar sowie Pollen gesammelt haben.

DER JAHRESABLAUF IM BIENENVOLK – HERBST UND WINTER (3/5)

Im Herbst blühen nicht mehr viele Pflanzen. Nun sollte das Bienenvolk genug Futter gesammelt und eingelagert haben, um über den Winter zu kommen. Die Bienen fliegen nun nicht mehr so fleißig umher.
Im Herbst blüht noch der **Efeu**. Er ist eine der letzten Blühpflanzen, die die Bienen im Herbst noch gerne und eifrig besuchen. Wenn ihr im Herbst an einer mit Efeu bewachsenen Hauswand vorbeilauft, werdet ihr es laut summen und brummen hören.

Im Herbst schlüpfen die **Winterbienen**. Sie machen keine Sammelflüge mehr, da sie keine Nahrung in der Natur finden. Die Winterbienen können bis zu 6 Monate alt werden und vom Herbst bis zum nächsten Frühjahr leben. Das ist deshalb so wichtig, weil die Bienenkönigin im Winter, wenn es zu kalt ist, keine Eier mehr legt. Überleben die Bienen den Winter nicht, stirbt das Volk, weil es keinen Nachwuchs mehr hat.

Wird es draußen kalt, ziehen sich die nun etwa 10 000 Winterbienen im Bienenstock zu einer ganz engen **Wintertraube** zusammen. In der Mitte dieser Traube befindet sich die Bienenkönigin. Sie ist für das Überleben des Volkes am wichtigsten und wird von den Bienen um sich herum gewärmt. Egal wie kalt es draußen ist, in der Mitte der Wintertraube herrscht eine Temperatur von 25 Grad. Die Winterbienen erzeugen Wärme, indem sie ihre Muskeln bewegen. Dabei wechseln die Bienen innerhalb der Wintertraube auch immer wieder ihre Position. So ist eine Biene nie die ganze Zeit über ganz außen in der Wintertraube, wo es am kältesten ist.

Wie du siehst, halten Bienen also keinen Winterschlaf. Trotzdem verlassen die meisten Bienen den Bienenstock im Winter nicht. Nur sehr wenige Bienen fliegen während des Winters kurz hinaus, zum Beispiel, um Wasser zu holen. Wird es aber das erste Mal über 10 Grad warm, dann fliegen alle Bienen zum Reinigungsflug nach draußen und der Winter ist beendet.

DER JAHRESABLAUF IM BIENENVOLK – LÜCKENTEXT (4/5)

Lies die 3 Texte zum Jahresablauf im Bienenvolk.
Trage die richtigen Begriffe in die Lücken ein.

Frühling

1. Zu Beginn des Frühlings fliegen die Bienen das erste Mal im Jahr aus. Dieser erste Flug im Jahr heißt ....
2. Den ersten Ausflug im Jahr nutzen die Bienen vor allem, um ihren .... zu entleeren. Denn den ganzen Winter konnten sie nicht auf die Toilette gehen.
3. Die Arbeitsbienen sammeln im Frühjahr .... und .... auf den Obstblüten.
4. Aus dem Wintervolk, das nur etwa .... Bienen hat, soll ein starkes, großes Volk werden.
5. Am Ende des Frühlings hat ein Bienenvolk bis zu ....Bienen.

Sommer

1. Am Ende des Frühlings oder am Anfang des Sommers erwacht im Bienenvolk der ....
2. Im Sommer wird im Bienenvolk eine neue .... aufgezogen.
3. Die alte Königin zieht mit einem Teil des Volkes aus. Man sagt, das Volk ....
4. Das ausgeschwärmte Bienenvolk bildet um die Königin herum eine dicke ....
5. Für .... und .... ist der Schwarmtrieb gar nicht so toll.

Herbst und Winter

1. Im Herbst blüht noch der ....
2. Die Winterbienen können bis zu .... alt werden und vom Herbst bis zum kommenden Frühjahr leben.
3. Wird es draußen kalt, ziehen sich die Winterbienen zu einer ganz engen .... zusammen.
4. Die Winterbienen erzeugen Wärme, indem sie ihre .... bewegen.
5. Wird es das erste Mal im späten Winter über .... warm, dann fliegen alle Bienen zum Reinigungsflug nach draußen.

Vergleiche deine Ergebnisse mit einem anderen Kind.

DER JAHRESABLAUF IM BIENENVOLK – SUCHSEL (5/5)

Im Suchsel verstecken sich 7 Begriffe aus den Texten zum Jahresablauf im Bienenvolk. Findest du alle? Kreise die Begriffe ein.

B	C	M	L	L	S	Q	Q	U	N	U	Z	B	W
R	E	I	N	I	G	U	N	G	S	F	L	U	G
K	Ä	V	E	P	R	U	G	Ü	P	I	E	B	S
D	H	O	N	I	G	V	O	R	R	Ä	T	E	O
S	T	L	K	U	T	F	G	M	U	Y	P	M	B
Z	U	D	Ä	G	W	R	D	S	K	O	L	I	S
A	W	I	N	T	E	R	B	I	E	N	E	N	T
V	L	D	Z	P	A	H	U	F	W	E	R	L	B
F	L	T	W	Y	R	V	A	Q	E	C	S	I	L
G	U	K	V	B	E	R	X	D	T	F	F	H	Ü
E	S	C	W	A	R	M	T	R	I	E	B	T	T
F	L	O	C	R	U	W	H	D	E	L	P	A	E
E	B	R	K	W	U	I	L	A	S	B	U	K	N
U	J	W	I	N	T	E	R	T	R	A	U	B	E

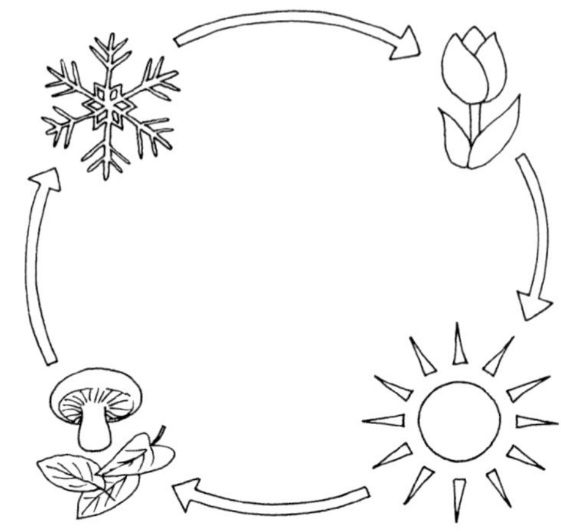

Lösung: Reinigungsflug, Schwarmtrieb, Winterbienen, Wintertraube, Efeu, Honigvorräte, Obstblüten,

Wähle 2 Begriffe aus dem Suchsel aus.
Schreibe auf, was du über die Begriffe weißt.

1. ....

Das weiß ich darüber:

....

....

....

2. ....

Das weiß ich darüber:

....

....

....

BIENENPRODUKTE VON IMKERINNEN UND IMKERN

Eine Imkerin oder ein Imker ist ein Mensch, der Bienenvölker hält. Von den Bienenvölkern bekommen Imkerinnen und Imker natürlich Honig. Aber es gibt auch noch andere Produkte, die Bienen herstellen und die von der Imkerei genutzt werden können.

Ordne die Begriffe aus dem Kasten den Texten zu. Wenn du alles richtig zugeordnet hast, ergibt sich ein Lösungswort.

Propolis (Kittharz) (M) **Bienengift (E)**
Bienenwachs (I) **Gelée royale (K)** **Pollen (R)**

1 Die Bienen nutzen es zum Bau ihrer Waben. Imkerinnen und Imker schmelzen die Waben ein und bekommen dadurch dieses Bienenprodukt. Aus dem Produkt werden dann zum Beispiel Kerzen oder Hautpflegeprodukte hergestellt.

....

4 Wenn eine Biene sticht, wird dieser Stoff freigesetzt. Die Biene nutzt ihn zur Verteidigung. Imkerinnen und Imker nutzen elektrische Reize, um an dieses Produkt zu kommen. Manchmal wird das Produkt gegen Falten oder zur Behandlung von Rheuma verwendet.

....

5 Die Bienen bringen dieses Produkt von Blüten mit. Bei Blüten sorgt es für die Bestäubung. Bienen nutzen es aber auch als Nahrung. Imkerinnen und Imker bekommen dieses Produkt durch bestimmte Fallen, an denen die Bienen es dann automatisch abstreifen. Für uns Menschen soll das Produkt allgemein der Gesundheit guttun und Eiweiß liefern.

....

3 Der Name dieses Produkts kommt aus dem Französischen und bedeutet „königlicher Saft". Es ist die Nahrung für kommende Bienenköniginnen. Nur wenige Imkerinnen und Imker in Deutschland sind darauf spezialisiert, das Produkt zu gewinnen. Aus dem Produkt werden oft Gesichtscremes oder Lippenpflegeprodukte hergestellt.

....

2 Bienen bekommen diesen Stoff durch Bäume. Sie nutzen ihn zum Abdichten des Bienenstocks. Außerdem überziehen sie damit Waben als Schutz vor Krankheiten. Um an das Produkt zu kommen, legen Imkerinnen und Imker Gitter in den Bienenstock. Für Menschen ist das Produkt auch gut: Es soll zum Beispiel gegen Bakterien helfen und Wunden besser heilen lassen.

....

Lösungswort: ....
1 2 3 4 5

Imker

DIE WOHNUNG DER BIENEN: DIE BIENENBEUTE

Die Bienenstöcke, die Imkerinnen und Imker heute benutzen, bezeichnet man als **Beuten**. Eine Bienenbeute besteht aus unterschiedlichen Teilen:

Boden: Der Boden ist ein Holzrahmen mit einem Drahtgitter. Am Boden befindet sich auch das Flugloch, durch das die Bienen hinein- und hinauskönnen. Im Winter kann das Flugloch mit einem Holzkeil verkleinert werden.

Brutraum: Hier erfolgt die Aufzucht der Bienen. Der Brutraum befindet sich im unteren Teil der Bienenbeute.

Absperrgitter: Zwischen dem Brutraum und dem Honigraum befindet sich ein Absperrgitter, durch das die Arbeiterinnen hindurchpassen, nicht aber die Königin.

Honigraum: Hier lagern die Bienen den Honig.

Abdeckfolie: Durch eine durchsichtige Abdeckfolie können Imkerinnen oder Imker in die Beute schauen, wenn sie die Deckel abnehmen.

Innendeckel: Dieser Deckel ist eine Isolierschicht, damit es im Sommer nicht zu heiß und im Winter nicht zu kalt ist.

Außendeckel/Blechdach: Oben auf der Bienenbeute liegt das Blechdach. Es schützt vor Regen. Es ist meist mit einem Stein beschwert, damit es bei starkem Wind nicht wegfliegt.

Hier siehst du eine Zeichnung von den verschiedenen Teilen der Bienenbeute. Einige Begriffe fehlen aber noch!
Setze die richtigen Begriffe aus dem Text in die Zeichnung ein.

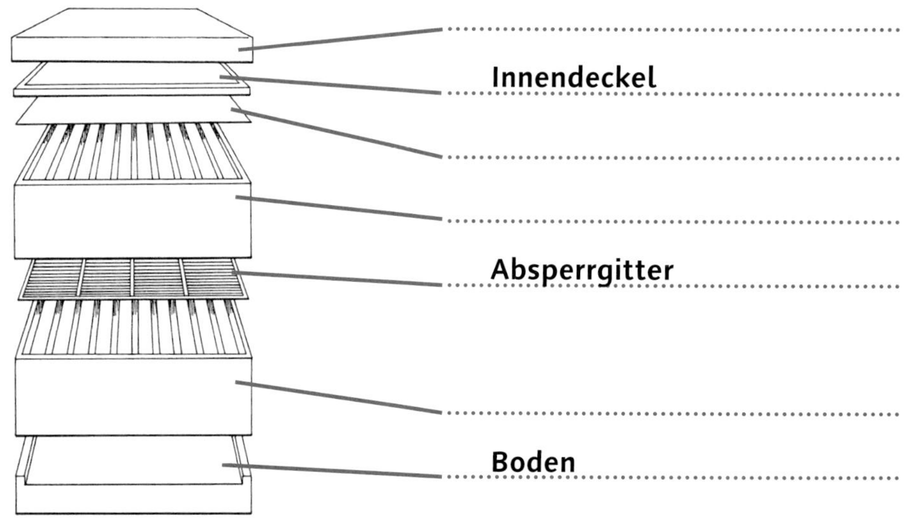

BRUTRAUM UND HONIGRAUM IN DER BIENENBEUTE

In der Bienenbeute, dem Zuhause der Bienen bei Imkerinnen und Imkern, gibt es zwei wichtige Räume: den **Brutraum** und den **Honigraum**.

Der **Brutraum** befindet sich im unteren Teil der Bienenbeute. Hier lebt das Bienenvolk das ganze Jahr über. Hier hält sich auch die Bienenkönigin auf. Sie verlässt den Brutraum nur einmal in ihrem Leben: zum Hochzeitsflug. Im Brutraum legt die Königin ihr **Brutnest** an. Im Brutraum leben auf den Waben die Bienen. Die Königin legt ihre Eier in die Zellen. Aus den Eiern entstehen dann neue Bienen. Im Brutraum hat das Volk seine meisten **Futtervorräte** und hier überwintert es auch.

© Holger Mittelstädt

Fangen die Kirschbäume an, zu blühen, dann wächst das Volk sehr stark. Die Arbeiterinnen können nun in der Natur überall Nektar sammeln. Nun braucht das Volk mehr Platz. Deshalb stellt die Imkerin oder der Imker auf den Brutraum einen weiteren Raum: den **Honigraum**. Imkerinnen und Imker erweitern so also die Wohnung des Bienenvolkes.

Haben die Bienen nun im Brutraum keinen Platz mehr für Honig, dann bringen sie ihn eine Etage höher in den Honigraum. Hier ist im Frühling viel Platz für neuen Honig.

Damit die Bienenkönigin nicht auch in den Honigraum krabbelt und hier ihre Eier in die Zellen legt, befindet sich zwischen Brutraum und Honigraum ein **Absperrgitter**. Dieses Absperrgitter ist so eng, dass zwar die Arbeitsbienen durchpassen, nicht aber die Königin, die ja viel größer ist.

Wenn Imkerinnen und Imker im Sommer den Honig ernten wollen, nehmen sie die Waben aus dem Honigraum. In diesen befindet sich nur Honig. Die Waben aus dem Brutraum kann man nicht verwenden: Hier befinden sich ja in den Zellen auch heranwachsende Bienen und nicht nur Honig.

Das Bienenvolk achtet übrigens darauf, seine Vorräte immer möglichst weit weg vom Eingang aufzubewahren. So kann es sie besser vor Feinden (zum Beispiel Wespen) schützen.

Arbeitet zu zweit. Ein Kind erklärt, was der Brutraum ist. Das andere Kind erklärt, was der Honigraum ist. Achtet darauf, ob euer Partnerkind alles richtig erklärt!

DIE AUFGABEN DER IMKEREI IM FRÜHLING (1/2)

Imkerinnen und Imker haben das ganze Jahr über **verschiedene Aufgaben**, genauso wie die Bienen selbst auch.

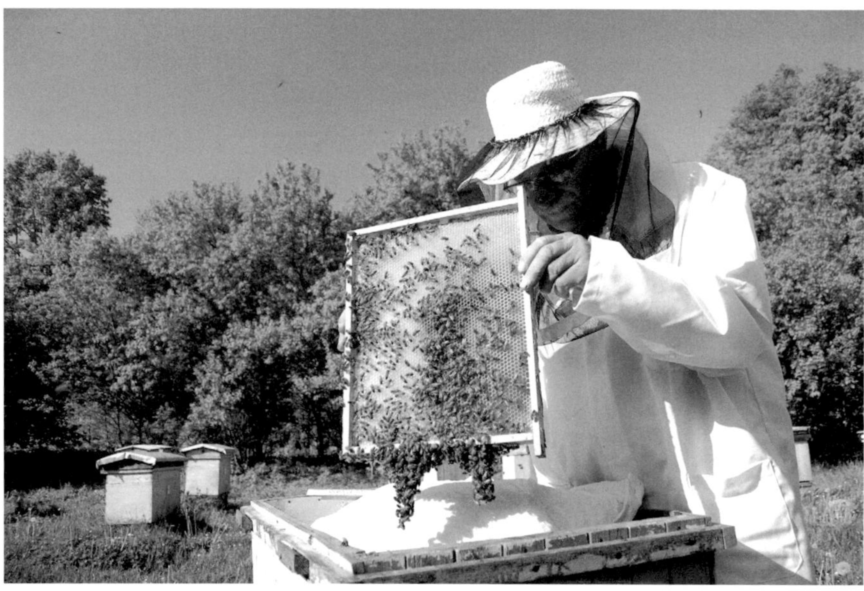

© Darios – Shutterstock.com

Sobald es wärmer wird und die Bienen zum ersten Mal aus dem Bienenstock fliegen, sollten Imkerinnen und Imker regelmäßig nach ihnen sehen, nämlich mindestens einmal pro Woche.

Sie schauen dann vor allem danach, ob das Bienenvolk gut über den **Winter** gekommen ist, ob **Brut** vorhanden ist und ob die **Futtervorräte** ausreichen.

Im Frühling wächst das Bienenvolk sehr schnell und sehr stark. Manchmal kommt es vor, dass auch im April oder Mai noch kaltes, regnerisches Wetter vorherrscht. Dann können die Bienen nicht zu Sammelflügen ausschwärmen und bleiben im Bienenstock. Sie verbrauchen dann recht schnell ihre letzten Futtervorräte des Winters. Nun ist es Aufgabe der Imkerin oder des Imkers, den Bienen zusätzliches Futter zu geben, damit sie nicht verhungern.

Fangen die Kirschbäume an, zu blühen, geben Imkerinnen und Imker ihren Bienenvölkern **mehr Platz** in den Bienenstöcken. So können die Bienen Nektar sammeln und als Honig in den einzelnen Zellen einlagern.

ISBN 978-3-8346-4298-1 | www.verlagruhr.de

DIE AUFGABEN DER IMKEREI IM FRÜHLING – FRAGEN (2/2)

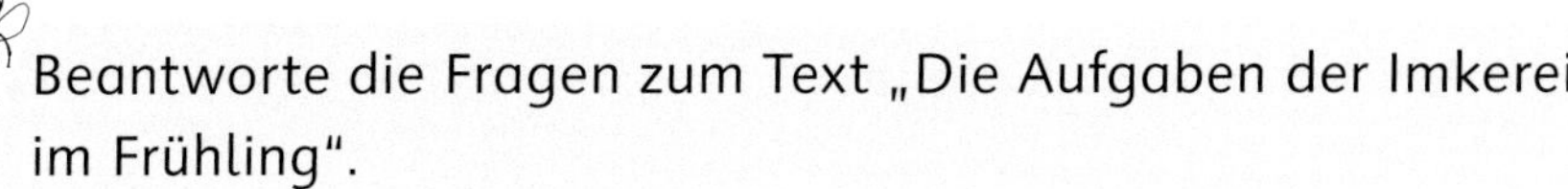

Beantworte die Fragen zum Text „Die Aufgaben der Imkerei im Frühling“.

1. Warum müssen Imkerinnen und Imker ihren Bienen im Frühling eventuell zusätzliches Futter geben?

....

....

....

2. Was machen Imkerinnen und Imker, wenn die Kirschbäume anfangen zu blühen. Warum machen sie das?

....

....

....

3. Wie oft sollten Imkerinnen und Imker im Frühling ihre Völker besuchen und durchsehen?

....

....

4. Was kontrollieren Imkerinnen und Imker im Frühling, wenn sie nach ihren Bienen sehen?

....

....

....

DIE AUFGABEN DER IMKEREI IM SOMMER (1/4)

Einen Bienenschwarm fangen

Im Sommer, wenn es überall in der Natur blüht, haben Imkerinnen und Imker jede Menge Arbeit. Weiterhin besuchen sie mindestens einmal in der Woche ihre Bienen. Sie sehen nach, ob es ihnen gut geht.

Zum Beginn des Sommers ist das Volk am allergrößten. Dann kann, genauso wie am Ende des Frühlings, schnell **Schwarmstimmung** aufkommen: Wenn sich das Volk eine neue Königin herangezogen hat, sucht sich ein Teil des Volkes mit der alten Königin eine neue Behausung. Für Imkerinnen und Imker bedeutet das, dass sie weniger Honig bekommen und einen Teil ihres Volks verlieren. Das wollen sie natürlich nicht. Deshalb entfernen sie zum Beispiel die Zellen, in denen neue Königinnen aufwachsen sollen, oder sie entnehmen rechtzeitig die alte Königin.

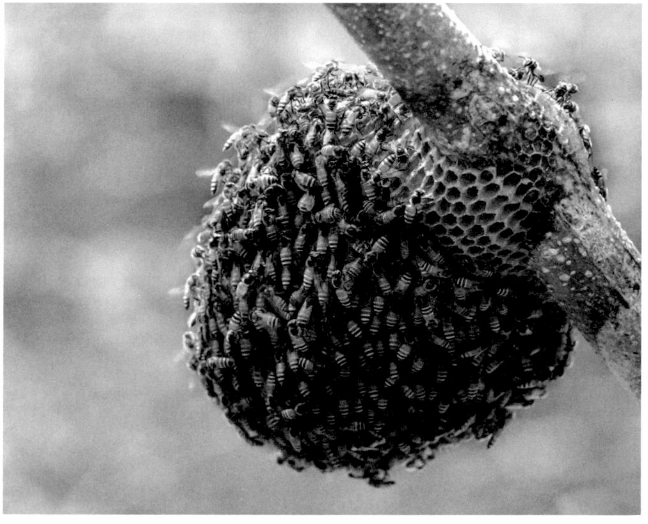
© nicemyphoto – Shutterstock.com

Obwohl sie gut aufpassen, kann es trotzdem passieren, dass etwas übersehen wird und ein Bienenvolk ausschwärmt. Wenn die Imkerinnen und Imker das merken, verfolgen sie ihren Schwarm, bis der sich irgendwo niederlässt. Das kann zum Beispiel an einem Ast sein.

Um den Schwarm dann **einzufangen**, besprüht die Imkerin oder der Imker ihn zuerst mit Wasser. Die Bienen denken dann, es würde regnen. Der Schwarm zieht sich fest um seine Königin in der Mitte des Schwarms zusammen, um diese zu schützen.
Nun stellt die Imkerin oder der Imker einen großen Kasten unter den Schwarm. Durch einen Schlag mit einer Hand auf den Ast fällt die Bienentraube dann in den Kasten. Dann wird ein Deckel auf den Kasten gelegt. Ein kleiner Spalt bleibt offen. Bienen, die nun noch umherfliegen, können durch den Spalt in den Kasten zu ihrer Königin krabbeln. Am Abend kommt der Schwarm in dem Kasten über Nacht in den dunklen, kühlen Keller. Dort beruhigen sich die Bienen und verlieren den Schwarmtrieb.

So kommen Imkerinnen und Imker auch zu einem **neuen Bienenvolk**.

ISBN 978-3-8346-4298-1 | www.verlagruhr.de

DIE AUFGABEN DER IMKEREI IM SOMMER (2/4)

Die Honigernte

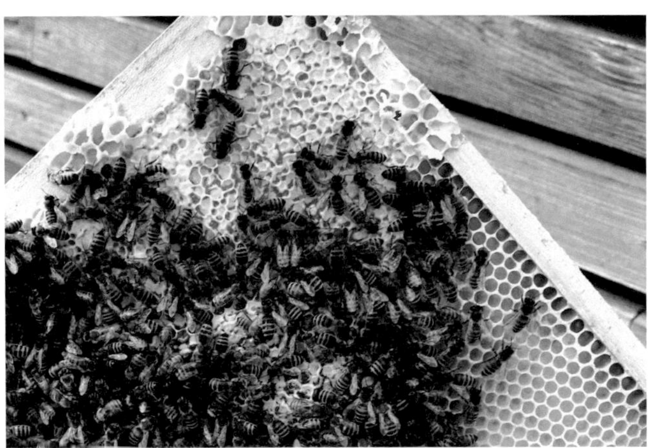

© Holger Mittelstädt

Die Honigernte ist für Imkerinnen und Imker der Höhepunkt im Laufe des Bienenjahres. Es ist richtig harte Arbeit, aber am Ende lohnt sie sich, denn sie bringt leckeren, süßen Honig.

Als Erstes entnehmen die Imkerinnen und Imker den Bienenvölkern die **Honigwaben**. Normalerweise benutzen sie dazu einen Smoker mit Rauch, um die Bienen zu beruhigen. Bei der Honigernte kann so ein Smoker aber nicht eingesetzt werden, weil sonst der Honig nach Rauch schmecken könnte. Deswegen sind die Bienen bei der Honigernte oft unruhig und werden ärgerlich. Es geht den Bienen so wie dir: Stelle dir vor, du pflückst ein paar leckere Erdbeeren im Garten und jemand Fremdes will sie dir dann wegnehmen. Das fändest du doch auch nicht gut, oder?

Die Honigwaben müssen nun als Erstes **entdeckelt** werden. Die Bienen haben jede einzelne Zelle, in der sie Honig eingelagert haben, mit einem dünnen Wachsdeckel verschlossen. Der wird nun mit einer Gabel entfernt, um an den Honig zu kommen.

Die Waben mit den nun geöffneten Zellen werden in eine **Honigschleuder** gehängt. Mit einer Kurbel oder einem Motor werden die Waben nun so schnell gedreht, dass der Honig aus den einzelnen Zellen spritzt und an der Innenwand der Schleuder hinunterläuft.

Dann wird am Boden der Schleuder ein **Hahn** geöffnet. Der Honig kann dann durch ein Sieb in einen großen **Honigeimer** laufen.

Dann muss der Honig einige Tage **ruhen**. Durch das Schleudern sind im Honig noch viele Luftblasen. Die Luftblasen steigen langsam nach oben und bilden an der Oberfläche einen weißen **Schaum**. Den kratzt die Imkerin oder der Imker ab.

Nun ist der Honig fertig, um in die Honiggläser abgefüllt zu werden.

ISBN 978-3-8346-4298-1 | www.verlagruhr.de

DIE AUFGABEN DER IMKEREI IM SOMMER – FRAGEN (3/4)

Einen Bienenschwarm fangen

Richtig oder falsch? Kreuze an.

1. **Im Sommer besuchen Imkerinnen und Imker ihre Bienen mindestens einmal im Monat.**
   ☐ richtig ☐ falsch

2. **Zu Beginn des Sommers oder am Ende des Frühlings entsteht oft Schwarmstimmung.**
   ☐ richtig ☐ falsch

3. **Wenn die Bienen ausschwärmen, lassen sie sich zum Beispiel an einem Ast nieder.**
   ☐ richtig ☐ falsch

4. **Wenn die Imkerin oder der Imker den Schwarm fangen will, besprühen sie ihn zuerst mit Wasser.**
   ☐ richtig ☐ falsch

5. **Wenn die Bienentraube beim Fangen in den Kasten gefallen ist, wird dieser sofort luftdicht verschlossen.**
   ☐ richtig ☐ falsch

6. **Am Abend kommt der eingefangene Schwarm in dem Kasten an einen hellen, warmen Ort.**
   ☐ richtig ☐ falsch

Vergleiche deine Ergebnisse mit einem anderen Kind.

Denkt euch als Gruppe ein kurzes Rollenspiel aus.
Einige von euch sind Bienen, ein Kind ist der Imker oder die Imkerin.
Spielt nach, wie der Bienenschwarm eingefangen wird.
Lest dazu die Beschreibung im Text ganz genau.
Wenn ihr mögt, präsentiert das Rollenspiel vor der Klasse.
Die anderen Kinder müssen darauf achten, ob ihr alles richtig darstellt.

DIE AUFGABEN DER IMKEREI IM SOMMER – FRAGEN (4/4)

Die Honigernte

Auf dieser Seite siehst du Bilder und Texte. Schneide sie aus.
Bringe die Texte zur Honigernte in die richtige Reihenfolge
und klebe sie in dein Heft oder auf ein Blatt Papier.
Klebe die passenden Bilder neben die Texte.

Die verdeckelten Honigwaben werden dem Bienenvolk entnommen.

© Ruth Mittelstädt

© Barbara_Krupa – Shutterstock.com

Der Honig wird in Honiggläser gefüllt.

© Anja Tangermann

Die Honigwaben werden entdeckelt.

© Anja Tangermann

Der Honig wird geschleudert.

Der Honig wird gesiebt und in Honigeimer abgefüllt.

© landd – stock.adobe.com

DIE AUFGABEN DER IMKEREI IM HERBST/WINTER (1/2)

Herbst

Im frühen Herbst bekämpfen Imkerinnen und Imker ein kleines Insekt, das für Bienen sehr gefährlich ist. Es ist die **Varroa-Milbe**. Imkerinnen und Imker bekämpfen sie mit Ameisensäure. Diese schadet den Bienen nicht, tötet aber die Varroa-Milbe.

Die Bienen finden nun in der Natur nicht mehr viel Nektar und Pollen. Normalerweise leben sie jetzt von ihren Honigvorräten. Diese entnehmen aber ja die Imkerinnen und Imker. Damit die Bienen trotzdem gut über den Winter kommen, müssen sie zusätzlich gefüttert werden. Also bekommen sie ein Gemisch aus Zucker und Wasser, das dem Blütennektar ähnlich ist. Dieses **Zuckerwasser** rühren die Imkerinnen und Imker selbst an. Dazu vermischen sie einen Liter warmes Wasser mit einem Kilogramm Zucker. Insgesamt braucht ein Bienenvolk im Herbst etwa 15 Kilogramm Zucker, damit es im Winter nicht verhungert.

Das Zuckerwasser geben die Imkerinnen und Imker den Bienenvölkern nach und nach. Diese lagern das Zuckerwasser wie Honig in den einzelnen Zellen auf den Waben ein und verdeckeln jede Zelle. So haben sie genug Vorräte, wenn es einen kalten und langen Winter gibt.

Winter

Der Winter ist für Imkerinnen und Imker eine **ruhige Zeit**. Am besten ist es, wenn sie ihre Bienen nicht oft stören. Besonders wenn es draußen sehr kalt ist, sollten die Bienenstöcke nicht geöffnet werden. Denn dann würde viel kalte Luft in die Bienenstöcke gelangen, die von den Bienen erst wieder mühevoll aufgewärmt werden müsste. Das verbraucht viel Futter.

Im Winter haben Imkerinnen und Imker deshalb Zeit für Aufgaben, die nicht am Bienenstock zu erledigen sind. Sie müssen ihre Geräte reinigen, Honig in Gläser abfüllen und sich darum kümmern, dass der Honig verkauft wird.

Der Honig wird in Geschäften verkauft, aber auch an Bekannte und vielleicht auch mit einem eigenen Stand auf einem **Weihnachtsmarkt**. So einen Stand hast du vielleicht auch selbst schon gesehen.

© Jacob Karmel – Shutterstock.com

ISBN 978-3-8346-4298-1 | www.verlagruhr.de

DIE AUFGABEN DER IMKEREI IM HERBST/WINTER – LÜCKENTEXT (2/2)

Lies den Text „Die Aufgaben der Imkerei im Herbst/Winter“.
Trage die richtigen Begriffe in die Lücken ein.

Herbst

Es gibt ein kleines .... ,
das für Bienen gefährlich ist. Es ist die
....
Im .... bekämpfen
Imkerinnen und Imker die Varroa-Milbe mit
....
Im Herbst finden die Bienen in der Natur
nicht mehr viel .... und
....
Weil die Imkerinnen und Imker ihren Bienen
den Honig entnehmen, müssen sie die Bienen
zusätzlich .... , damit
diese gut über den ....
kommen.
Also bekommen die Bienen ein Gemisch
aus Zucker und Wasser, das dem
.... ähnlich ist.

Winter

Der Winter ist für Imkerinnen und Imker eine
.... Zeit.
Am besten ist es, wenn Imkerinnen und Imker
ihre Bienen nicht oft ....
Besonders wenn es draußen sehr
.... ist, sollten die Bienenstöcke
nicht .... werden.
Im Winter haben Imkerinnen und Imker
deshalb Zeit für Aufgaben, die nicht am
.... zu
erledigen sind.
Sie müssen ihre .... reinigen, Honig
in Gläser abfüllen und sich darum kümmern,
dass der Honig .... wird.
Der Honig wird in ....
verkauft, aber auch an Bekannte und vielleicht
auch mit einem eigenen Stand auf einem
....

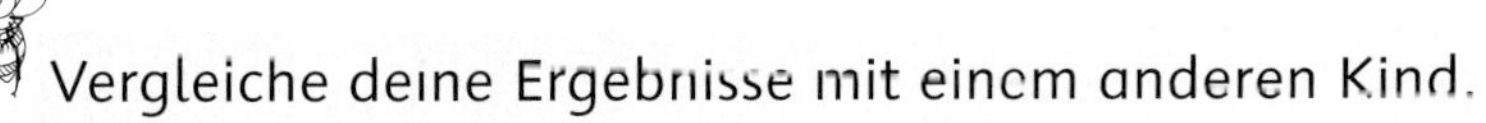

Vergleiche deine Ergebnisse mit einem anderen Kind.

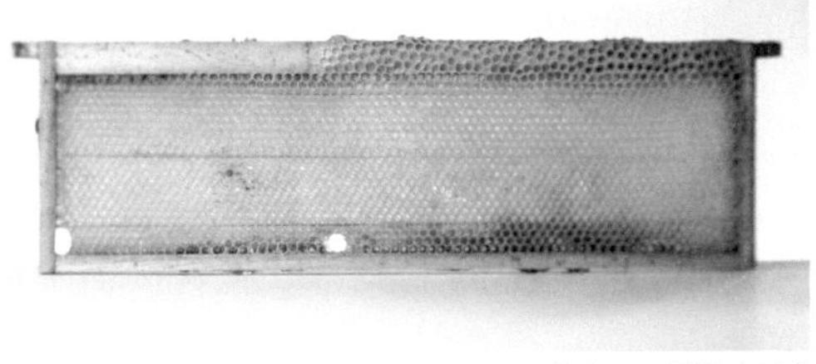

© Aaron Mittelstädt

KLEIDUNG UND WERKZEUGE VON IMKERINNEN UND IMKERN (1/2)

Die Kleidung

Bienen sind friedliche Tiere. Wenn sie sich bedroht fühlen, können sie aber auch mal stechen. Deshalb sollten Kinder und Erwachsene Schutzkleidung tragen, wenn sie mit Bienen arbeiten. Die Schutzkleidung ist immer sehr hell. Auf dunkle Kleidung reagieren Bienen nämlich manchmal etwas aggressiver. Das liegt daran, dass der natürliche Feind der Bienen, der Bär, ein dunkles Fell hat.

Die Schutzkleidung besteht aus diesen Teilen:

- Eine **Imkerjacke** ist aus hellem Stoff. Sie ist an den Bündchen so dicht, dass keine Bienen in die Ärmel oder von unten in die Jacke hineinkriechen können. Außerdem ist der Stoff recht dick und Bienen können ihn kaum durchstechen. Manchmal tragen Imkerinnen und Imker statt einer Imkerjacke und einer hellen Hose auch einen ganzen **Imkeranzug** über ihrer Kleidung.
- Damit die Bienen die Imkerinnen und Imker nicht am Kopf stechen, tragen diese einen **Imkerhut** mit einem Gesichtsschleier. Durch diesen Schleier können die Imkerinnen und Imker die Bienen gut anschauen.
- An den Händen werden helle, weiche **Lederhandschuhe** getragen. Die schützen die Hände vor Bienenstichen.

Die Werkzeuge

Imkerinnen und Imker benötigen für ihre Aufgaben einige Werkzeuge. Die wichtigsten sind:

- **Stockmeißel**: Der Stockmeißel ist ein Metallwerkzeug, mit dem viele unterschiedliche Dinge am Bienenstock gemacht werden können. Imkerinnen und Imker können damit vor allem die einzelnen, mit Propolis oder Harz verklebten Teile des Bienenstocks voneinander lösen.
- **Smoker**: Der Smoker ist eine Blechdose mit einem Blasebalg. In der Blechdose wird altes Holz verbrannt, um Rauch zu erzeugen. Riechen die Bienen den Rauch, denken sie, es brennt irgendwo in der Nähe. Sie versorgen sich mit ausreichend Honig, falls sie fliehen müssen. Dadurch sind sie beschäftigt und können die Imkerinnen und Imker in Ruhe arbeiten lassen.
- **Besen**: Imkerinnen und Imker sollten immer einen Bienenbesen dabeihaben, um Bienen von Waben abfegen zu können.

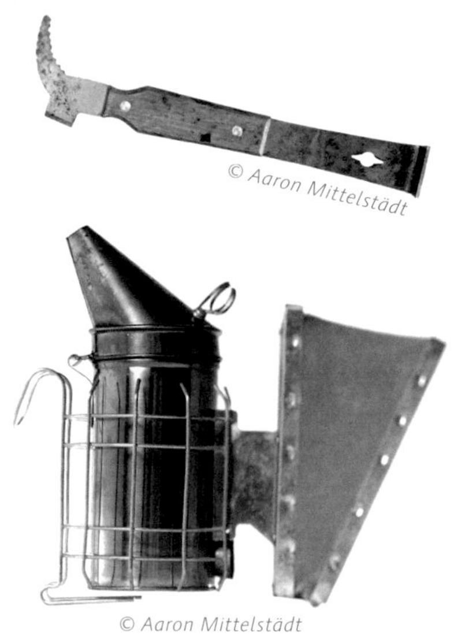

© Aaron Mittelstädt

© Aaron Mittelstädt

KLEIDUNG UND WERKZEUGE VON IMKERINNEN UND IMKERN (2/2)

Lies den Text „Kleidung und Werkzeuge von Imkerinnen und Imkern". Beantworte die Fragen.

1. Wieso benötigen Imkerinnen und Imker überhaupt spezielle Kleidung?

....

....

....

2. Wieso ist die Kleidung von Imkerinnen und Imkern hell?

....

....

3. Wozu brauchen Imkerinnen und Imker einen Smoker?

....

....

....

Male auf, wie du dir einen Bienenbesen vorstellst. Suche dann im Internet nach Fotos davon. Vergleiche mit deinem Bild.

DAS HONIG-ETIKETT

Sicher hast du schon einmal ein Glas Honig gesehen. Aber hast du dir auch das Etikett darauf schon einmal ganz genau angeschaut? Auf jedem Honig-Etikett müssen nämlich bestimmte Angaben vorhanden sein:

- der Name „Honig" oder „Blütenhonig" oder Ähnliches
- der Name und die Anschrift der Imkerin oder des Imkers
- die Füllmenge (also zum Beispiel 500 g), die Schrift muss mindestens 4 mm groß sein
- das Ursprungsland (zum Beispiel Deutschland)
- das Mindesthaltbarkeitsdatum
- Hinweise zur Aufbewahrung (zum Beispiel „trocken, kühl und dunkel lagern")

Hier siehst du ein Honig-Etikett.
Überprüfe, ob du bei diesem Etikett alle Angaben findest.
Markiere sie mit einem bunten Stift.

© Imkerei Matthias Schulz

Entwirf ein eigenes Honig-Etikett.
Achte darauf, dass alle Pflichtangaben vorhanden sind.

© Verlag an der Ruhr | Autor: Holger Mittelstädt
Illustrationen: Astrid Wilkesmann | ISBN 978-3-8346-4298-1 | www.verlagruhr.de

HONIG – SO UNTERSCHIEDLICH

Bei Imkerinnen und Imkern in eurer Nähe oder im Supermarkt könnt ihr **unterschiedliche Honigsorten** kaufen. Da gibt es zum Beispiel reine Sortenhonige, wie Rapshonig, Kastanienhonig, Lindenblütenhonig, aber auch Honige ohne genauere Sortenangaben, wie Blütenhonig oder Waldhonig.

Sicherlich habt ihr euch schon einmal gefragt, wie es unterschiedliche Honigsorten geben kann. Woher wissen Imkerinnen und Imker, welchen Nektar ihre Bienen gerade sammeln? Und sammeln die nicht ohnehin alles durcheinander?

Stellt in der Gruppe Vermutungen an, wie es dazu kommt, dass man reine Sortenhonige kaufen kann.
Lest anschließend gemeinsam die Erklärung.

Hier die **Erklärung**:
Imkerinnen und Imker wissen ziemlich genau, wann welche Pflanzen blühen. Möchten Imkerinnen und Imker also zum Beispiel Rapshonig ernten, warten sie, bis der Raps blüht. Dann stellen sie ihre Bienenvölker direkt neben ein blühendes Rapsfeld. Die Verlockung ist für die meisten Bienen einfach zu groß. Sie stürzen sich nur auf den Raps direkt vor ihrer Haustür und lassen andere blühende Pflanzen außer Acht. Wenn nun nach einiger Zeit der Raps verblüht, entnimmt die Imkerin oder der Imker aus den Honigräumen die vollen Honigwaben. Hier wurde jetzt fast nur Rapshonig gesammelt.
Natürlich sammeln manche Bienen auch Nektar von anderen Pflanzen in der Nähe. Ist aber hauptsächlich eine Sorte im Glas (mindestens 80 %), dann sprechen wir von einem reinen **Sortenhonig**.
Wenn Bienen unterschiedliche Blüten besuchen, nennen Imkerinnen und Imker ihren Honig zum Beispiel nach der Jahreszeit (etwa „Sommerblüte").

Achtung!
Auf manchen Honigen findet ihr unter der Herkunftsangabe die Bezeichnung „Honig aus EU-/Nicht-EU-Ländern". Dieser Honig kommt zumindest teilweise nicht aus Europa, sondern hat einen weiten Weg hinter sich. Das ist für die Umwelt nicht gut. Deswegen ist es besser, Honig aus der eigenen Umgebung zu kaufen.

Welche Honigsorten gibt es in deiner Nähe zu kaufen?
Finde es heraus.

WIE VIEL IST EIN GLAS HONIG WERT?

Wieviel ist ein Glas Honig wert? (Gespräch mit der Bienenkönigin)

„Erlauben Sie mir, einen Wunsch zu sagen.
Ich möchte ein Glas Honig haben.
Was kostet's? Ich bin zu zahlen bereit.
Für was Gutes ist mir mein Geld nicht leid."
„Sie wollen was Gutes für Ihr Geld?
Sie kriegen das Beste von der Welt!
Sie kaufen goldenen Sonnenschein,
Sie kaufen pure Gesundheit ein!
Was Bessres als Honig hat keiner erfunden.
Der Preis? Ich verrechne die Arbeitsstunden.
Zwölftausend Stunden waren zu fliegen,
um so viel Honig zusammenzukriegen.
Ja, meine Leute waren fleißig!
Die Stunde? Ich rechne zwei Mark dreißig.
Nun rechnen Sie sich's selber aus!
27 000 kommt heraus.
27 000 Mark und mehr.
Hier ist die Rechnung, ich bitte sehr!"

Josef Guggenmos (aus: Was denkt die Maus am Donnerstag? Verlagsgruppe Beltz, Weinheim, 1985)

Lies das Gedicht. Beantworte die Fragen.

1. Im Gedicht ist eine Rechenaufgabe versteckt.
   Schreibe die Aufgabe auf.

   .... · ....

2. Das Ergebnis der Rechenaufgabe ist nur überschlagen.
   Kannst du das genaue Ergebnis ausrechnen?

3. Heute liegt der Mindestlohn pro Stunde bei etwa 9,00 €.
   Was würde dann ein Glas Honig kosten?

Schreibe selbst ein kurzes Gedicht über etwas, was mit Bienen zu tun hat: zum Beispiel über ein Bienenvolk, eine Bienenkönigin, Honig …
Schreibe in dein Heft oder auf ein Blatt Papier.

KRANKHEITEN IM BIENENSTOCK (1/2)

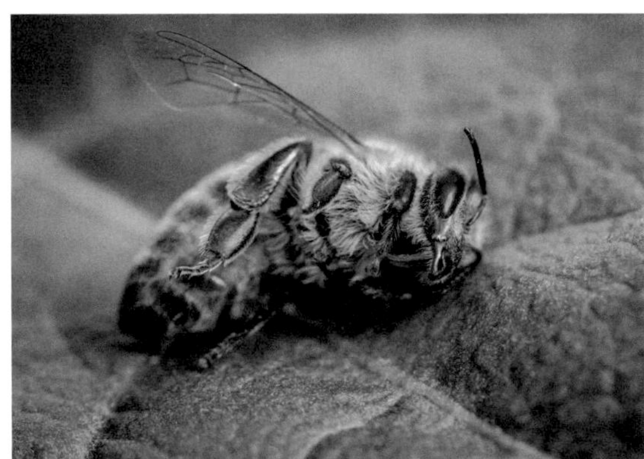

© Photografiero – Shutterstock.com

Genauso wie der Mensch können auch Bienen einmal krank werden. Manchmal ist die Krankheit so schlimm, dass ein Bienenvolk stirbt. Manchmal kann man eine Krankheit aber auch gut behandeln.

Amerikanische Faulbrut

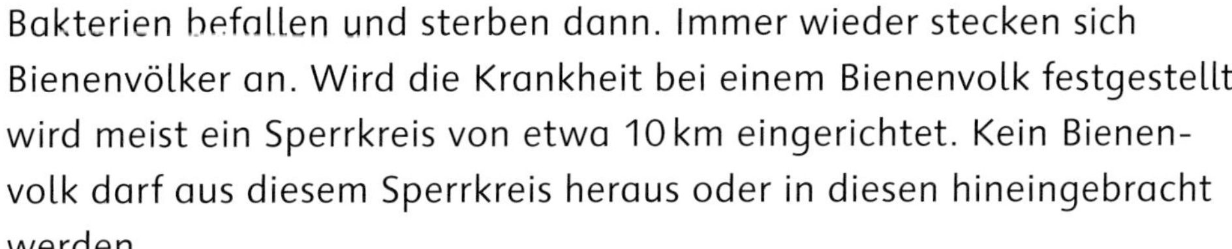

Die Amerikanische Faulbrut ist leider in Europa sehr verbreitet und eine der schlimmsten Erkrankungen für Bienen. Bei dieser Krankheit werden Bienenlarven von Bakterien befallen und sterben dann. Immer wieder stecken sich Bienenvölker an. Wird die Krankheit bei einem Bienenvolk festgestellt, wird meist ein Sperrkreis von etwa 10 km eingerichtet. Kein Bienenvolk darf aus diesem Sperrkreis heraus oder in diesen hineingebracht werden.

Ruhr

Die Ruhr ist eine Durchfallerkrankung von erwachsenen Bienen. Sie ist nicht ansteckend und tritt meist am Ende des Winters auf. Man erkennt die Erkrankung an den Durchfall-Spritzern im Bienenstock. Unten im Bienenstock liegen dann viele tote Bienen. Sind die Bienenvölker im Frühjahr stark genug, können sie diese Krankheit überleben.

Nosematose

Die Nosematose ist die am häufigsten auftretende Krankheit bei erwachsenen Bienen. Sie wird durch einen Einzeller (Pilz) verursacht. Die Bienen erscheinen dann matt und müde. Sie können nicht fliegen und haben Durchfall. Bienenvölker können diese Krankheit gut überleben.

Kalkbrut

Die Kalkbrut wird durch einen Pilz verursacht. Larven, die sich mit diesem Pilz angesteckt haben, sterben in den noch verdeckelten Zellen, bevor sie schlüpfen können. Die Krankheit tritt vor allem bei schwachen Völkern auf oder wenn es außergewöhnlich kühl und feucht ist. Sind Bienenvölker fleißig bei der Reinigung ihrer Zellen, können sie diese Krankheit gut überstehen.

Es gibt noch eine Reihe weiterer Erkrankungen, dies sind aber die am meisten verbreiteten.

ISBN 978-3-8346-4298-1 | www.verlagruhr.de

KRANKHEITEN IM BIENENSTOCK – KREUZWORTRÄTSEL (2/2)

Lies den Text „Krankheiten im Bienenstock“.
Trage die richtigen Antworten zu den Fragen in das Kreuzworträtsel ein.
Die markierten Felder ergeben ein Lösungswort.

Horizontal ▶

1. Wodurch wird Nosematose verursacht?
4. Am Ende welcher Jahreszeit tritt die Ruhr bei Bienen meistens auf?
5. Womit werden Bienenlarven bei der Amerikanischen Faulbrut befallen?
8. Was wird errichtet, wenn bei einem Bienenvolk die Amerikanische Faulbrut festgestellt wird?

Vertikal ▼

2. Wo sterben die Larven, wenn sie von Kalkbrut befallen werden?
3. Wie heißt eine Durchfallerkrankung von erwachsenen Bienen?
6. Wie heißt die Krankheit, die bei erwachsenen Bienen am häufigsten auftritt?
7. Was verursacht die Kalkbrut?

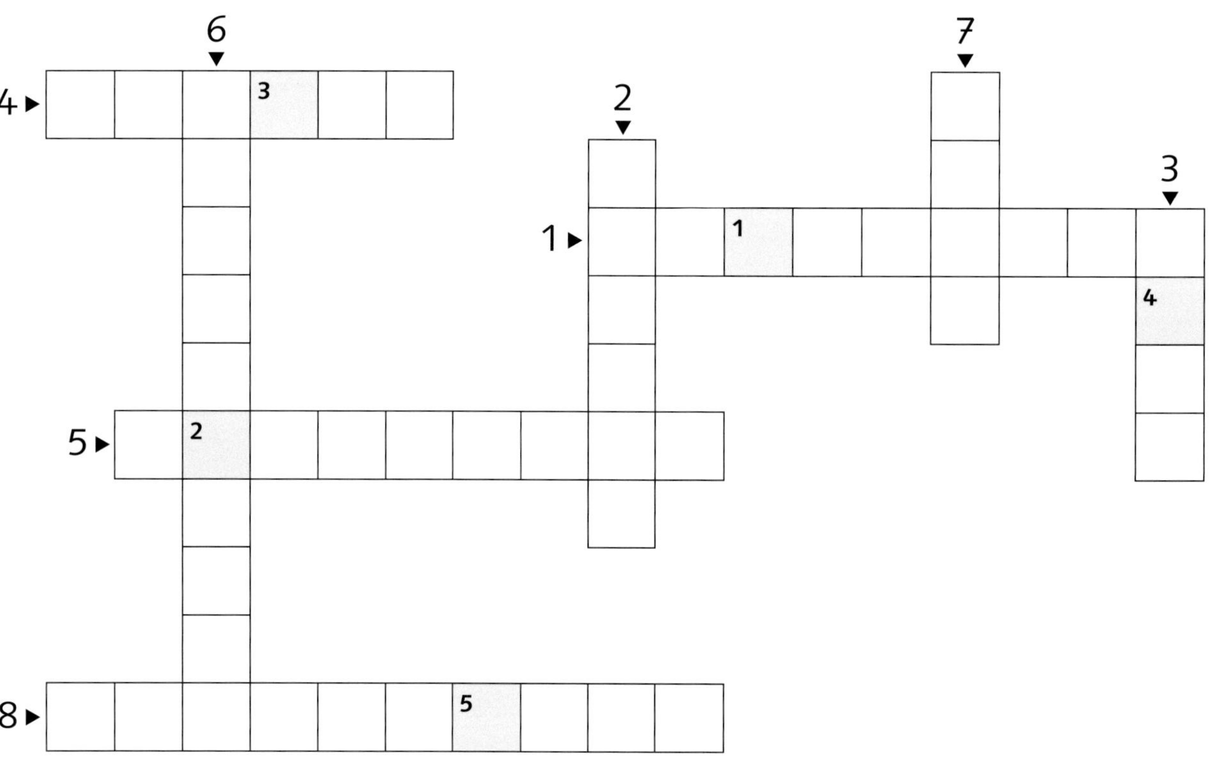

Lösungswort: ....
1 2 3 4 5

Natur

DIE VARROA-MILBE – EIN GEFÄHRLICHER SCHÄDLING (1/2)

Die Bienen in Australien haben Glück: Sie kennen die Varroa-Milbe nicht. Die ist nämlich der **größte Feind** der Bienen. Sie hat Ähnlichkeit mit einer **kleinen Zecke**, ist sehr stark verbreitet und man findet sie auf allen Kontinenten – außer Australien. Wird ein Bienenvolk nicht gegen die Milbe behandelt, dann stirbt es wahrscheinlich innerhalb weniger Jahre. Auf dem Foto siehst du die Varroa-Milbe stark vergrößert. Tatsächlich ist sie nur ungefähr 1 mm groß.

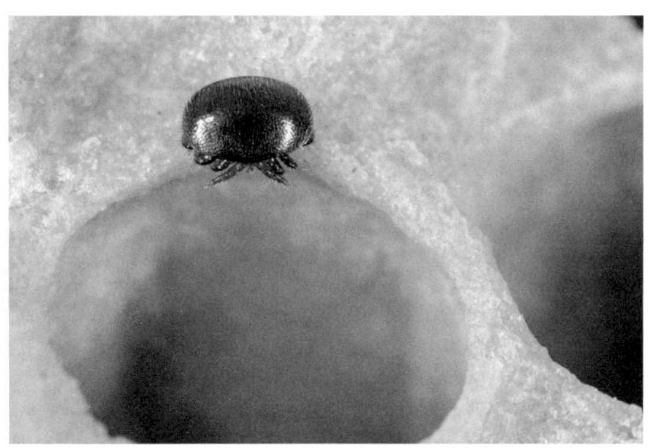

© Mirko Graul – Shutterstock.com

Die Milbe kam 1977 mit Honigbienen nach Europa, die aus Asien eingeführt wurden. Das Problem dabei: Die asiatischen Honigbienen können sich gegen die Milbe wehren und kommen ganz gut mit ihr zurecht. Sie entfernen befallene Brutzellen oder verlassen notfalls den Bienenstock. Das kann die europäische Honigbiene allerdings nicht. Sie erkennt die Milbe und den Befall nicht und kann sich nicht gegen sie wehren.

Aber was genau macht die Varroa-Milbe eigentlich? Sie sitzt am Bauch der Bienen und ernährt sich von ihrem Blut. Die Milben sitzen vor allem auf den Arbeiterinnen, die die Bienenbrut pflegen. Die Varroa-Milbe nutzt die Chance und legt ihre **Eier** in die Brutzellen. So vermehrt sie sich im Bienenstock und schädigt das Bienenvolk. Bienen, die von der Varroa-Milbe befallen sind, sind **schwächer** als andere Bienen und können die Brut nicht gut pflegen. Sind die Larven bereits befallen, so können sich daraus keine Bienen mehr entwickeln. So werden die Völker immer schwächer und gehen innerhalb weniger Jahre im Herbst oder Winter ein.

Für Imkerinnen und Imker gibt es **unterschiedliche Methoden**, Bienenvölker gegen die Varroa-Milbe zu behandeln. Am häufigsten benutzt man Ameisensäure. Nach der Honigernte gibt man **Ameisensäure** in das Bienenvolk. Sie schadet den Bienen kaum, die Varroa-Milbe kann diese Säure allerdings nicht vertragen und stirbt. Allerdings sterben nie alle Milben. So vermehren sich die Milben im nächsten Frühjahr wieder und nach der nächsten Honigernte muss oft wieder mit Ameisensäure behandelt werden.

DIE VARROA-MILBE – EIN GEFÄHRLICHER SCHÄDLING (2/2)

Lies den Text „Die Varroa-Milbe – ein gefährlicher Schädling“
Beantworte die Fragen.

1. Die Varroa-Milbe ist weltweit verbreitet.
   Auf einem Kontinent ist sie allerdings nicht zu finden. Auf welchem?

   ....

2. Was passiert bei uns in Europa mit einem Bienenvolk,
   das von der Varroa-Milbe befallen und nicht dagegen behandelt wird?

   ....

   ....

3. Warum kommen asiatische Honigbienen gut mit der Varroa-Milbe
   zurecht, die europäischen Honigbienen aber nicht?

   ....

   ....

   ....

4. Wie vermehren sich die Varroa-Milben im Bienenvolk?

   ....

   ....

5. Was unternehmen Imkerinnen und Imker, um in ihren Bienenvölkern
   die Varroa-Milbe zu bekämpfen?

   ....

   ....

   ....

WARUM BRAUCHEN WIR INSEKTEN WIE HONIGBIENEN, WILDBIENEN UND SCHMETTERLINGE?

Es gibt rund eine Million unterschiedliche Insektenarten auf der Welt. Allein in Deutschland leben etwa 30000 unterschiedliche Insektenarten. Von keinem anderen Tier gibt es so viele verschiedene Arten auf der Welt wie von den Insekten.
Die allermeisten Pflanzen auf der Erde können nur dann Früchte entwickeln, wenn sie durch Insekten bestäubt werden. Haben wir keine oder weniger Insekten auf der Erde, dann wird es weniger Früchte geben, die anderen Tieren und Menschen als Nahrung dienen. Das Schlimme ist: Fast die Hälfte der Insekten, die Pflanzen bestäuben, sind inzwischen vom Aussterben bedohnt.

Kreuze an, wem eine Eigenschaft der Insekten am meisten nutzt: den Menschen, anderen Tieren oder den Pflanzen?

	Nutzen für die Menschen	Nutzen für andere Tiere	Nutzen für Pflanzen
Ameisen lockern den Waldboden auf, sodass Pflanzen gut wachsen können.			
Ameisen, die im Wald leben, verteilen die Samen von Bäumen.			
Ein Bienenvolk produziert pro Jahr etwa 20 bis 30 kg Honig.			
Es gibt Insekten, die in der Landwirtschaft zur Bekämpfung von Schädlingen eingesetzt werden.			
Fische, die von Menschen gegessen werden, ernähren sich von Insektenlarven, zum Beispiel der Lachs und die Forelle.			
Frösche, Vögel und Libellen fressen gerne Marienkäfer.			
Marienkäfer fressen sehr gerne Blattläuse, die Pflanzen stark schädigen können.			
Mäuse und Frösche fressen Insekten.			
Rinder und Schafe werden mit Pflanzen gefüttert, die durch Insekten bestäubt werden müssen.			
Spinnen fangen Fliegen, Mücken und Wespen.			

Vergleiche deine Ergebnisse mit einem anderen Kind.

IST DIE BIENE VOM AUSSTERBEN BEDROHT? (1/2)

Die **Honigbiene** ist nicht vom Aussterben bedroht. In den letzten Jahren werden glücklicherweise wieder mehr Menschen Imkerinnen oder Imker und kümmern sich um die Honigbiene. Solange es Imkerinnen und Imker gibt, gibt es auch Honigbienen.
Obwohl die Honigbiene nicht vom Aussterben bedroht ist, kam es in den letzten Jahren aber immer wieder zu unerklärlichem **Massensterben**. Hierfür konnte leider keine genaue Ursache gefunden werden. Wahrscheinlich ist es ein Zusammenspiel **unterschiedlicher ungünstiger Umstände,** wie zum Beispiel die Varroa-Milbe, Insektengift oder fehlendes Nahrungsangebot.

Wenn wir von bedrohten Bienen sprechen, meinen wir eher die **Wildbienen**.

2016 hat ein Wissenschafts-Team in Krefeld festgestellt, dass in den vergangenen 30 Jahren die Anzahl der Insekten in Deutschland sehr stark zurückgegangen ist. Das betrifft natürlich auch die Bienen. Alle rund 560 Wildbienenarten gehören in Deutschland zu den **geschützten Arten**. Etwa die Hälfte von ihnen sind **vom Aussterben bedroht**.

Wildbienen benötigen zum Überleben **Blüten** und Pollen sowie gute **Nistmöglichkeiten**. Das Problem dabei: Viele Wildbienenarten sind auf bestimmte Pflanzen oder auf bestimmte Nistmöglichkeiten spezialisiert. Aber der **Lebensraum** von Bienen und anderen Insekten wird immer stärker eingeschränkt.
Große Flächen, auf denen früher viele unterschiedliche Insekten lebten, werden jetzt genutzt, um immer die gleichen Pflanzen anzubauen. Auch werden Flächen, die früher von Insekten genutzt wurden, mit Häusern, Straßen und Fabriken bebaut.
Wildkräuter und Blumen, die früher zwischen kleinen Feldern wuchsen, gibt es heute immer seltener. Für Bienen bedeutet das, dass sie nicht mehr genug Nahrung finden. Außerdem ist die Nahrung nicht mehr sehr abwechslungsreich. Dadurch werden Bienenvölker geschwächt. Der Einsatz von **Pflanzen- und Insektengiften** in der Landwirtschaft sowie das häufige **Mähen** schaden ebenfalls Bienen und auch anderen Insekten.
Und natürlich werden auch **Klimaveränderungen** dazu beitragen, dass viele Insekten und eben auch Wildbienen es schwieriger haben. Umso wichtiger ist es, dass alle sich darüber Gedanken machen, was wir zum Schutz von Wildbienen und anderen Insekten tun können.

IST DIE BIENE VOM AUSSTERBEN BEDROHT? (2/2)

Welche Gründe führen dazu, dass Wildbienen und andere Insekten sterben? Schreibe in Stichpunkten in dein Heft oder auf ein Blatt Papier.

Richtig oder falsch? Kreuze an.

1. Die Honigbiene ist vom Aussterben bedroht.
☐ richtig ☐ falsch

2. Es gibt eine eindeutige Ursache für das Massensterben von Honigbienen.
☐ richtig ☐ falsch

3. Etwa die Hälfte aller Wildbienenarten in Deutschland ist vom Aussterben bedroht.
☐ richtig ☐ falsch

4. Viele Wildbienenarten sind auf bestimmte Pflanzen spezialisiert.
☐ richtig ☐ falsch

5. Für Wildbienen ist es gut, möglichst viele gleiche Pflanzen anzubauen.
☐ richtig ☐ falsch

6. Es gibt heutzutage immer mehr Wildkräuter und Blumen.
☐ richtig ☐ falsch

7. Bienen finden oft nicht mehr genug abwechslungsreiche Nahrung.
☐ richtig ☐ falsch

Vergleiche deine Ergebnisse mit einem anderen Kind.

Arbeitet als Gruppe. Überlegt, was ihr in eurer Stadt tun könnt, um Wildbienen und anderen Insekten zu helfen.

Illustrationen: Astrid Wilkesmann | ISBN 978-3-8346-4298-1 | www.verlagruhr.de

GRÜNDUNG EINER SCHULIMKEREI

Es gibt inzwischen viele Schulen in Deutschland, die sich eigene Bienenvölker halten. Wenn ihr das an eurer Schule auch machen wollt, müsst ihr auf einige Dinge achten. Hier kommen wichtige Tipps.

© Rus S – Shutterstock.com

- Sucht euch als Erstes eine Imkerin oder einen Imker aus eurer Umgebung, die Zeit und Lust haben, euch bei der Arbeit zu unterstützen. Dazu könnt ihr euch auch an den nächstgelegenen Imkerverein wenden, da wird euch sicherlich weitergeholfen. Ohne eine Person mit viel Erfahrung, die ihr Wissen an euch weitergibt, solltet ihr nicht starten.
- Eure Schulleitung muss in die Einrichtung einer Schulimkerei einbezogen werden. Denn die Schulleitung ist für alle Aktivitäten in der Schule verantwortlich.
- Ohne einen geeigneten Standort für die Bienenvölker auf dem Schulgelände oder in der Nähe der Schule geht gar nichts. Überlegt also genau, wo die Bienenvölker aufgestellt werden können. Dazu eignet sich zum Beispiel eine abgelegene, abgesperrte Ecke des Schulgeländes. Wenn ihr einen Schulgarten habt, wäre das auch ein guter Platz. Manche Imkerinnen und Imker stellen ihre Völker auch auf Hausdächer. Vielleicht geht das auch bei eurer Schule. Und schließlich könnt ihr die Bienenvölker natürlich auch auf einem Gelände eurer Stadt oder Gemeinde oder auch auf einem Privatgrundstück aufstellen.

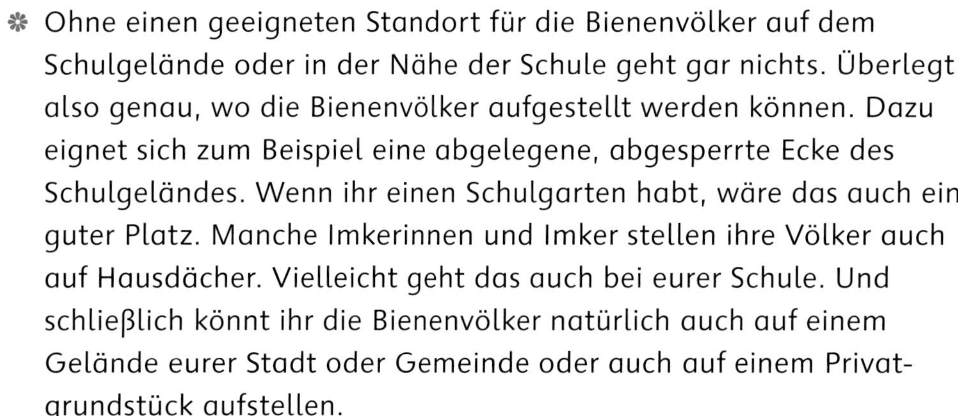

- Wenn ihr alle vorherigen Punkte (Imkerin oder Imker, Schulleitung, Grundstück) abgehakt habt, braucht ihr vor allem eines: Geld. Hier wird es etwas schwieriger. Zum Start einer Schulimkerei müssen viele Dinge angeschafft werden. Versucht, über einen Imkerverein so viele Dinge wie möglich kostenlos zu bekommen. Das können gebrauchte Bienenbeuten sein, vielleicht verschenkt jemand aber auch eine alte Honigschleuder oder sogar ein Bienenvolk. Andere Dinge, wie Schutzkleidung, Winterfutter, Bienenwaben bzw. Mittelwände, Honiggläser und Medikamente, müsst ihr regelmäßig kaufen. Dafür stellt euch vielleicht eure Schule Geld zur Verfügung. Nach den ersten Jahren könnt ihr diese Dinge von dem Geld kaufen, das ihr mit dem Honigverkauf verdient.
- Im Internet findet ihr auf der Kinder-/Jugendseite des Deutschen Imkerbundes (www.deutscherimkerbund.de) viele Hinweise und Tipps zum Gründen einer Schulimkerei.
- Wichtig: Alle Schülerinnen und Schüler, die in einer Schulimkerei arbeiten möchten, sollten vorher darauf getestet werden, ob sie allergisch auf Bienenstiche sind.

ISBN 978-3-8346-4298-1 | www.verlagruhr.de

WAS IST WANN DRAN?

Wenn ihr eine Schulimkerei ins Leben rufen wollt, müsst ihr einen Überblick darüber haben, was im Jahr wann dran ist. Füllt als Gruppe die Tabelle aus. Ihr könnt dabei die Lesetexte unter euch aufteilen.

	Was passiert im Bienenvolk?	Was müssen Imkerinnen und Imker machen?	Diese Fragen habe ich dazu:
Frühling			
Sommer			
Herbst			
Winter			

Ihr braucht für die Tabelle die Lesetexte „Der Jahresablauf im Bienenvolk" zu Frühling, Sommer, Herbst und Winter und die Lesetexte „Die Aufgaben der Imkerei" zu Frühling, Sommer, Herbst und Winter.

WIR BAUEN EIN INSEKTENHOTEL (1/2)

Viele Wildbienenarten sind vom Aussterben bedroht. Das liegt auch daran, dass sie in besonders aufgeräumten Gärten, in den Städten und in der Natur kaum noch Plätze finden, wo sie Eier für ihre Nachkommen ablegen können.
Dagegen könnt ihr etwas unternehmen, wenn ihr ein **Insektenhotel** baut und aufstellt.
Im Insektenhotel ziehen Wildbienen nicht nur ihre Nachkommen auf, hier können sie auch überwintern. Der beste Standort für ein Insektenhotel ist ein regengeschützter, sonniger Platz.

Insektenhotel in einer Blechdose

Für dieses Insektenhotel benötigt ihr eine **Blechdose** und unterschiedlich dicke **Schilfhalme** und **Bambusröhrchen**.
Schneidet mit einer feinen **Säge** oder einer Gartenschere die Halme und Röhrchen auf die Länge der Blechdose zu. Lasst euch dabei von einer erwachsenen Person helfen. Steckt so viele Halme und Röhrchen in die Dose, bis diese voll ist.
Achtet dabei auf Folgendes: Schneidet die Halme immer unterhalb einer Verdickung durch, damit diese eine verschlossene Seite haben. Die kommt in der Dose nach unten. Die Öffnungen der Röhrchen und Halme sollten keine Risse haben und schön glatt sein. Das erreicht ihr, indem ihr die Öffnungen mit Sandpapier, das ihr um einen dünnen Holzstab wickelt, glatt **schleift**.
Die Dose hängt ihr mit einem Draht an einem regengeschützten, sonnigen Platz auf.

© lcrms – Shutterstock.com

WIR BAUEN EIN INSEKTENHOTEL (2/2)

Insektenhotel aus Holz

Vielleicht habt ihr schon einmal so große Insektenhotels gesehen wie unten auf dem Bild. Hier haben jede Menge Insekten Platz. Ihr könnt aber auch ein etwas kleineres Insektenhotel bauen: Auch kleine Dinge helfen schon!
Für ein Insektenhotel aus Holz braucht ihr ein gut getrocknetes Stück **Hartholz**. Das kann ein Stück zum Beispiel Eichenholz oder Ahornholz sein. Frisches, weiches Holz splittert zu schnell und eignet sich deshalb nicht.
Normalerweise gibt es in einer Tischlerei immer Reste, die gut für den Bau eines Insektenhotels verwendet werden können. Am besten fragt ihr dort einmal nach.

Wenn ihr das Holz habt, kann es losgehen. Ihr bohrt auf der einen Seite in das Holzstück mit einer **Bohrmaschine** etwa 5 bis 8 cm tiefe Löcher. Diese Löcher sollten einen Durchmesser von 3 bis 8 mm haben. Lasst euch beim Bohren auf jeden Fall von einer erwachsenen Person helfen!
Bohrt die Löcher nicht in die Seite des Holzes, auf der man die Jahresringe sieht. Das ist die Stirnseite, die leicht einreißen kann. Das ist nicht gut für die gebohrten Löcher und für die Insekten.
Wenn ihr Löcher gebohrt habt, müsst ihr die Bohrlöcher schön sauber **schleifen**. Dafür wickelt ihr um einen dünnen Holzstab etwas Sandpapier und glättet damit innen die Bohrlöcher. So können sich zum Beispiel Wildbienen nicht verletzen, wenn sie in den Bohrlöchern ihre Eier ablegen.
Das Insektenhotel wird an einer regengeschützten Stelle im Garten mit den Öffnungen möglichst Richtung Süden an einem Draht aufgehängt oder auf ein Fensterbrett gelegt.

© Paul Schaub – Shutterstock.com

ISBN 978-3-8346-4298-1 | www.verlagruhr.de

WIR LEGEN BLÜHWIESEN AN

Eine ausgewogene Ernährung ist nicht nur für uns Menschen wichtig, sondern selbstverständlich auch für Honigbienen, Wildbienen und andere Insekten.
Ihr könnt helfen, Insekten **vielfältige Blumen** mit Nektar und Pollen anzubieten, wenn ihr selbst eine Blühwiese anlegt.
Jedes Blumenbeet – und ist es noch so klein – hilft den Insekten in unserer Umgebung weiter.

Inzwischen gibt es unterschiedliche **Blumensamen für bienenfreundliche Blühwiesen** zu kaufen. Achtet beim Kauf der Samen darauf, dass die Mischung möglichst auf die Bedingungen in eurer Gegend angepasst ist. So wachsen in München zum Beispiel ganz andere Pflanzen gut als in Hamburg. Am besten ist es, ihr erkundigt euch in einer Gärtnerei oder bei einer Imkerin oder einem Imker in eurer Stadt.

Sucht geeignete **Flächen**, um im Frühling Blühwiesen anzulegen.
Das kann eine Ecke auf eurem Schulhof sein, ein Stück im Schulgarten oder in einem Privatgarten.
Besonders am Anfang, wenn ihr die Samen ausgesät habt, müsst ihr darauf achten, die Wiese regelmäßig zu gießen, damit die Samen gut aufgehen können.
Im Herbst sammelt ihr die Samen eurer Pflanzen. Trocknet sie gut und sät sie im nächsten Frühjahr wieder aus.

Diese Blumen sind besonders bienenfreundlich:

- Blauer Lein
- Buschwinden
- Drachenkopf
- Goldmohn
- Kappmargeriten
- Klatschmohn
- Kornblumen
- Natternkopf
- Ringelblumen
- Roter Lein
- Schleierkraut
- Schmuckkörbchen
- Sonnenblumen

Beobachtet und schreibt in eure Hefte oder auf ein Blatt Papier:

- Welche Pflanzen wachsen auf eurer Blühwiese?
- Welche unterschiedlichen Insekten findet ihr auf eurer Blühwiese? Versucht auch, sie zu zählen.
- Welche Blumen mögen die Insekten besonders gerne?

WIR REDEN MITEINANDER UND HANDELN

Es ist toll, wenn sich viele Kinder und Jugendliche für die Umwelt und den Klimaschutz einsetzen. Ihr könnt etwas für die Zukunft dieser Erde tun, wenn ihr bei euch selbst anfangt.
Bei sich selbst anfangen heißt – bezogen auf den Insektenschutz: Schafft eine Umgebung, in der sich Insekten wohlfühlen und überleben können. Insektenhotels bauen, Blühwiesen anlegen und in Gärten ein paar verwilderte Ecken schaffen ist schon sehr viel. Auch müssen nicht alle verblühten Pflanzen in Gärten und Parks im Herbst abgeschnitten werden. Viele Insekten überwintern in trockenen Halmen und Ästen. Vögel und andere kleine Tiere können sich im Winter von den Samen verblühter Pflanzen ernähren.

Wenn ihr selbst für eure Welt verantwortlich handelt, dann überzeugt auch andere davon.

- Redet mit euren **Eltern, Großeltern, Freundinnen und Freunden** darüber, wie auch sie Insekten schützen können.
- Macht Ihnen **Vorschläge**, **verschenkt** zum Beispiel zu Weihnachten oder zum Geburtstag ein selbst gebautes Insektenhotel oder ein Samentütchen mit bienenfreundlichen Pflanzen.
- Kommt mit den **Politikerinnen und Politikern** in eurer Stadt oder Gemeinde ins Gespräch. Es ist besonders wichtig, dass sie euch zuhören. Sie können sich darum kümmern, dass eure Stadt oder Gemeinde **bienenfreundlich** wird. Politikerinnen und Politiker können zum Beispiel Verbote für die Verwendung von Insektengiften aussprechen. Es gibt inzwischen schon viele Städte und Gemeinden, die die Verwendung von Insektengiften auf Feldern verboten haben.

- Redet mit den **Landwirtinnen und Landwirten** in eurer Umgebung. Fragt nach, welche Insektengifte sie einsetzen. Auch Bäuerinnen und Bauern können etwas für eure Zukunft tun. Vielleicht können sie zum Beispiel statt einem großen Feld viele kleine Felder anlegen und dazwischen bunte Blühstreifen mit insektenfreundlichen Samen anlegen?
- Das Wichtigste: **Gebt nicht auf**. Jeder Schritt in die richtige Richtung ist ein guter Schritt und ist er noch so klein. Es lohnt sich, für unsere Honigbienen, unsere Wildbienen und andere Insekten zu kämpfen, denn ohne sie ist in Zukunft ein Leben auf der Erde kaum möglich.

LITERATUR UND KONTAKTADRESSEN

ZWEI SEHR LESENSWERTE ROMANE ZUM THEMA „BIENEN"

- Lunde, Maja: Die Geschichte der Bienen, 2017, btb Verlag
- May, Meredith: Der Honigbus, 2019, S. Fischer

KINDERBÜCHER ZUM THEMA „BIENEN"

- Bruelle, Lynn/Jung, Anna Maria: Mach dieses Buch zum Bienenhaus, 2019, Ullmann Medien
- Le Conte, Yves: Die Bienen, 2017, Verlagshaus Jacoby & Stuart
- Milner, Charlotte: Das Buch der Bienen, 2018, Dorling Kindersley Verlag
- Socha, Piotr: Bienen, 2016, Gerstenberg Verlag
- Teckentrup, Britta: Bienen. Kleine Wunder der Natur, 2017, arsEdition

EINSTIEG IN DIE IMKERPRAXIS

- Bienefeld, Kaspar: Imkern Schritt für Schritt. Für Einsteiger – alle Arbeiten rund ums Jahr, 2016, Franckh Kosmos Verlag
- Pohl, Friedrich: 1x1 des Imkerns. Das Praxisbuch, 2017, Franckh Kosmos Verlag
- Pohl, Friedrich: Moderne Imkerpraxis. Völkerpflege und Ablegerbildung, 2010, Franckh Kosmos Verlag
- Riondet, Jean: Das erste Bienenvolk – Schritt für Schritt, 2018, Verlag Eugen Ulmer
- Staemmler, Geert: Imkern rund ums Jahr. Der immerwährende Arbeitskalender, 2012, Franckh Kosmos Verlag

INSEKTENFREUNDLICHE PFLANZEN

- Kopp, Ursula: Die schönsten Pflanzen für Bienen und Hummeln, 2016, Bassermann Verlag
- Pritsch, Günter: Bienenweide, 2007, Franckh Kosmos Verlag

INTERNET-ADRESSEN

- Bienen und Natur
  www.bienenundnatur.de
- Bundesministerium für Ernährung und Landwirtschaft
  www.bmel.de
- Deutscher Imkerbund
  www.deutscherimkerbund.de
- Deutsches Bienenjournal
  www.bienenjournal.de
- Naturschutzbund Deutschland
  www.nabu.de